杭州优秀传统文化丛书

Hangzhou Youxiu Chuantong Wenhua Congshu

# 钱塘朋友圈

考拉看看———编著

李柯薪　张　奕—执笔

杭州出版社

## 图书在版编目（CIP）数据

钱塘朋友圈 / 考拉看看编著；李柯薪，张奕执笔
. -- 杭州：杭州出版社，2021.12
（杭州优秀传统文化丛书）
ISBN 978-7-5565-1540-0

Ⅰ.①钱… Ⅱ.①考… ②李… ③张… Ⅲ.①城市史
—杭州 Ⅳ.① K295.51

中国版本图书馆 CIP 数据核字（2021）第 153510 号

Qiantang Pengyouquan

# 钱塘朋友圈

考拉看看 编著 李柯薪 张 奕 执笔

| | |
|---|---|
| 责任编辑 | 夏斯斯 |
| 装帧设计 | 祁睿一 |
| 美术编辑 | 章雨洁 |
| 责任校对 | 陈铭杰 |
| 责任印务 | 姚 霖 |
| 出版发行 | 杭州出版社（杭州市西湖文化广场32号6楼） |
| | 电话：0571-87997719　邮编：310014 |
| | 网址：www.hzcbs.com |
| 排　版 | 浙江时代出版服务有限公司 |
| 印　刷 | 天津画中画印刷有限公司 |
| 经　销 | 新华书店 |
| 开　本 | 710 mm × 1000 mm　1/16 |
| 印　张 | 14.25 |
| 字　数 | 175千 |
| 版 印 次 | 2021年12月第1版　2021年12月第1次印刷 |
| 书　号 | ISBN 978-7-5565-1540-0 |
| 定　价 | 58.00元 |

# 序　言

## 文化是城市最高和最终的价值

我们所居住的城市，不仅是人类文明的成果，也是人们日常生活的家园。各个时期的文化遗产像一部部史书，记录着城市的沧桑岁月。唯有保留下这些具有特殊意义的文化遗产，才能使我们今后的文化创造具有不间断的基础支撑，也才能使我们今天和未来的生活更美好。

对于中华文明的认知，我们还处在一个不断提升认识的过程中。

过去，人们把中华文化理解成"黄河文化""黄土地文化"。随着考古新发现和学界对中华文明起源研究的深入，人们发现，除了黄河文化之外，长江文化也是中华文化的重要源头。杭州是中国七大古都之一，也是七大古都中最南方的历史文化名城。杭州历时四年，出版一套"杭州优秀传统文化丛书"，挖掘和传播位于长江流域、中国最南方的古都文化经典，这是弘扬中华优秀传统文化的善举。通过图书这一载体，人们能够静静地品味古代流传下来的丰富文化，完善自己对山水、遗迹、书画、辞章、工艺、风俗、名人等文化类型的认知。读过相关的书后，再走进博物馆或观赏文化景观，看到的历史遗存，将是另一番面貌。

过去一直有人在质疑，中国只有三千年文明，何谈五千年文明史？事实上，我们的考古学家和历史学者一直在努力，不断发掘的有如满天星斗般的考古成果，实证了五千年文明。从东北的辽河流域到黄河、长江流域，特别是杭州良渚古城遗址以4300—5300年的历史，以夯土高台、合围城墙以及规模宏大的水利工程等史前遗迹的发现，系统实证了古国的概念和文明的诞生，使世人确信：这里是古代国家的起源，是重要的文明发祥地。我以前从来不发微博，发的第一篇微博，就是关于良渚古城遗址的内容，喜获很高的关注度。

我一直关注各地对文化遗产的保护情况。第一次去良渚遗址时，当时正在开展考古遗址保护规划的制订，遇到的最大难题是遗址区域内有很多乡镇企业和临时建筑，环境保护问题十分突出。后来再去良渚遗址，让我感到一次次震撼：那些"压"在遗址上面的单位和建筑物相继被迁移和清理，良渚遗址成为一座国家级考古遗址公园，成为让参观者流连忘返的地方，把深埋在地下的考古遗址用生动形象的"语言"展示出来，成为让普通观众能够看懂、让青少年学生也能喜欢上的中华文明圣地。当年杭州提出西湖申报世界文化遗产时，我认为是一项需要付出极大努力才能完成的任务。西湖位于蓬勃发展的大城市核心区域，西湖的特色是"三面云山一面城"，三面云山内不能出现任何侵害西湖文化景观的新建筑，做得到吗？十年申遗路，杭州市付出了极大的努力，今天无论是漫步苏堤、白堤，还是荡舟西湖里，都看不到任何一座不和谐的建筑，杭州做到了，西湖成功了。伴随着西湖申报世界文化遗产，杭州城市发展也坚定不移地从"西湖时代"迈向了"钱塘江时代"，气势磅礴地建起了杭州新城。

从文化景观到历史街区，从文物古迹到地方民居，众多文化遗产都是形成一座城市记忆的历史物证，也是一座城市文化价值的体现。杭州为了把地方传统文化这个大概念，变成一个社会民众易于掌握的清晰认识，将这套丛书概括为城史文化、山水文化、遗迹文化、辞章文化、艺术文化、工艺文化、风俗文化、起居文化、名人文化和思想文化十个系列。尽管这种概括还有可以探讨的地方，但也可以看作是一种务实之举，使市民百姓对地域文化的理解，有一个清晰完整、好读好记的载体。

传统文化和文化传统不是一个概念。传统文化背后蕴含的那些精神价值，才是文化传统。文化传统需要经过学者的研究提炼，将具有传承意义的传统文化提炼成文化传统。杭州在对丛书作者写作作了种种古为今用、古今观照的探讨交流的同时，还专门增加了"思想文化系列"，从杭州古代的商业理念、中医思想、教育观念、科技精神等方面，集中挖掘提炼产生于杭州古城历史中灵魂性的文化精粹。这样的安排，是对传统文化内容把握和传播方式的理性思考。

继承传统文化，有一个继承什么和怎样继承的问题。传统文化是百年乃至千年以前的历史遗存，这些遗存的价值，有的已经被现代社会抛弃，也有的需要在新的历史条件下适当转化，唯有把传统文化中这些永恒的基本价值继承下来，才能构成当代社会的文化基石和精神营养。这套丛书定位在"优秀传统文化"上，显然是注意到了这个问题的重要性。在尊重作者写作风格、梳理和讲好"杭州故事"的同时，通过系列专家组、文艺评论组、综合评审组和编辑部、编委会多层面研读，和作者虚心交流，努力去粗取精，古为今用，这种对文化建设工作的敬畏和温情，值得推崇。

人民群众才是传统文化的真正主人。百年以来，中华传统文化受到过几次大的冲击。弘扬优秀传统文化，需要文化人士投身其中，但唯有让大众乐于接受传统文化，文化人士的所有努力才有最终价值。有人说我爱讲"段子"，其实我是在讲故事，希望用生动的语言争取听众。今天我们更重要的使命，是把历史文化前世今生的故事讲给大家听，告诉人们古代文化与现实生活的关系。这套丛书为了达到"轻阅读、易传播"的效果，一改以文史专家为主作为写作团队的习惯做法，邀请省内外作家担任主创团队，组织文史专家、文艺评论家协助把关建言，用历史故事带出传统文化，以细腻的对话和情节蕴含文化传统，辅以音视频等其他传播方式，不失为让传统文化走进千家万户的有益尝试。

中华文化是建立于不同区域文化特质基础之上的。作为中国的文化古都，杭州文化传统中有很多中华文化的典型特征，例如，中国人的自然观主张"天人合一"，相信"人与天地万物为一体"。在古代杭州老百姓的认知里，由于生活在自然天成的山水美景中，由于风调雨顺带来了富庶江南，勤于劳作又使杭州人得以"有闲"，人们较早对自然生态有了独特的敬畏和珍爱的态度。他们爱惜自然之力，善于农作物轮作，注意让生产资料休养生息；珍惜生态之力，精于探索自然天成的生活方式，在烹饪、茶饮、中医、养生等方面做到了天人相通；怜惜劳作之力，长于边劳动，边休闲娱乐和进行民俗、艺术创作，做到生产和生活的和谐统一。如果说"天人合一"是古代思想家们的哲学信仰，那么"亲近山水，讲求品赏"，应该是古代杭州人的生动实践，并成为影响后世的生活理念。

再如，中华文化的另一个特点是不远征、不排外，这体现了它的包容性。儒学对佛学的包容态度也说明了这一点，对来自远方的思想能够宽容接纳。在我们国家的东西南北甚至是偏远地区，老百姓的好客和包容也司空见惯，对异风异俗有一种欣赏的态度。杭州自古以来气候温润、山水秀美的自然条件，以及交通便利、商贾云集的经济优势，使其成为一个人口流动频繁的城市。历史上经历的"永嘉之乱，衣冠南渡"，"安史之乱，流民南移"，特别是"靖康之变，宋廷南迁"，这三次北方人口大迁移，使杭州人对外来文化的包容度较高。自古以来，吴越文化、南宋文化和北方移民文化的浸润，特别是唐宋以后各地商人、各大商帮在杭州的聚集和活动，给杭州商业文化的发展提供了丰富营养，使杭州人既留恋杭州的好山好水，又能用一种相对超脱的眼光，关注和包容家乡之外的社会万象。这种古都文化，也代表了中华文化的包容性特征。

城市文化保护与城市对外开放并不矛盾，反而相辅相成。古今中外的城市，凡是能够吸引人们关注的，都得益于与其他文化的碰撞和交流。现代城市要在对外交往的发展中，进行长期和持久的文化再造，并在再造中创造新的文化。杭州这套丛书，在尽数杭州各色传统文化经典时，有心安排了"古代杭州与国内城市的交往""古代杭州和国外城市的交往"两个选题，一个自古开放的城市形象，就在其中。

"杭州优秀传统文化丛书"在传统和现代的结合上，想了很多办法，做了很多努力，他们知道传统文化丛书要得到广大读者接受，不是件简单的事。我们已经走在现代化的路上，传统和现代的融合，不容易做好，需要扎扎实实地做，也需要非凡的创造力。因为，文化是城市功能的最高价值，也是城市功能的最终价值。从"功能城市"走向"文化城市"，就是这种质的飞跃的核心理念与终极目标。

2020 年 9 月

（单霁翔，中国文物学会会长）

浙江名胜图（局部）

# 目 录

第三章

**江南水乡**

第四章

**临安繁华**

# 引 言

　　杭州，一个因海水退去而成的平原，从大禹分九州那天起就注定是座不寂寞的城市。

　　华夏土地上大江大河支流繁复，南北通航。其中一条钱塘江连接皖浙两省，杭州就成为交通便宜之地。在此基础上，秦始皇时修了上塘河，连接海宁盐官和钱塘余杭。隋炀帝时再修春秋邗沟，将北端的终点一直修到了洛阳。元世祖攻下临安，定都北京，下令：大运河要连通京杭。

　　江流奔腾，便能船行无阻。加之杭州平原地势平坦，来往便络绎不绝。有君王看中杭州这片土地，准备一举吞并成为霸主；有文人游历山川，来此吟咏风雅；也有南北往来的商队货船，在此买卖，互通有无。

　　亦有杭州人借着交通便利，游览山川，奔走繁忙。他们或是商人捐客，将杭州的好物卖出去；或是文人学者，到其他地方讲经研究，建立学社；还有辗转仕途的知县、刺史，他们治理好杭州，也将杭州的模式带到下一个上任之地。

甚至还有君王大手一挥，下令勾连江淮盐业、统一治理浙西水患；或是定都杭州，筑城又拓城，连接周围市县，共同发展。

杭州和其他城市的交往就在不知不觉间形成了。

数千年前的新石器时代，一个部落首领和一个祭司带着自己的族人在钱塘江北建了座城，夯土为墙，还筑有水城门，可乘船进城。三千年后，人们发现了这残留的城墙及其文明的遗迹。令人惊叹的不仅在于城市规模，还有雕琢精致的礼器玉琮。它象征着一段成熟文明的巅峰。

自此之后，考古人员在全国陆续发现形制相似的器具。以长江下游到环太湖流域为中心，东及上海、舟山，西至四川成都，南到广东曲江，北达河北唐山。或许三千年前，那个国王辗转全国，或派出使者，一边探索一边交流。大规模出土的玉琮让人不禁感叹先人的智慧和毅力。虽然那段跋山涉水的日子还无从考证，但玉琮就是昔日繁华的一窥。人们能窥见那座热闹繁华的良渚古城，还有良渚人的生活。

如果再将视角扩大一些，就能从一颗绍兴樱桃中看到绍兴和杭州长达千年的竞争，最后达到共赢。在这两座城市的交往中，有钱镠为杭州射潮的英勇，有百姓修筑堤坝的坚毅，还有赵构南迁对江南的流连和经营。能从韦应物和房孺复对寒山寺和白沙堤的并举中，看到唐人苏杭游的热情。而扬州和杭州靠着历代贤能者的治理变为运河上的双子星。是时代变迁使然也好，是治理者的有意为之也罢，杭州江南水乡的风情便在交往中形成了。

　　我们还能从一颗蜜姜、一块毛豆腐、一把剪刀、一筐私盐中看到杭州和其他城市间的互通有无。商队带来了货物，也带来了另一种生活。两城在买卖之中完成风物的融合，形成杭城的人间烟火。

　　文人南北交游，在各地研学，风雅情致也被带到不同城市。在杭州，一种新诗风的流传、一支湖笔的风靡，一座园林的兴建，都能看到两地文人审美的交融。最终形成钱塘风雅。

　　这就是那个百味融合的杭州，在千年的历史中不曾寂寞的城市。

第一章

杭城烟火

# 成都与杭州：顺水而来的缘分

　　宇宙洪荒时代，天地是一片混沌的大泽，大泽之水汹涌奔腾，经过日月轮替，天地乃成。颛顼之孙——大禹将天下大泽分道引流，划分了汉地九州。其中"扬州"和"梁州"一个靠海，一个深居内陆。扬州汇集三江水，海兽飞鸟皆为珍品。梁州森林茂密，狐熊罴豹皮毛华美。

　　之后的"杭州"和"成都"就在这两地。它们一个濒临东海，迎接朝代更迭，帝王建都；而另一个在内陆，丰饶自足，被称为"天府之国"。这两个城市水网密集，水运发达，它们互通兵马、商旅、千斛明珠、蜀绣杭锦在长江和钱塘江的水域匆匆前行。

　　对这两个城市来说，打开的商路大门不仅意味着经济来往，还有千年中的文化交融。如今，杭州人的舌尖上还有着成都味道。成都人的茶也因为西湖龙井的流入，而多了份豆香。

# 来自成都的船

## 成都的蜂蜜，盛夏好伴侣

唐太宗将益州改为剑南道，治所位于成都府。虽然西边有一夫当关万夫莫开的剑门关阻拦，但是成都平原通往其他方向的道路是畅通无阻的。加之河道疏通，成都的锦江和浣花溪上船只繁忙，使本身物产丰饶的天府之国，很快就成为西南的商业重镇。

成都的特产沿着各条商路被送到全国，和杭州的商业交往也十分火热。尤其是当地盛产的蜂蜜和甘蔗，正合了杭州人的口味。成都的商船便沿着浣花溪和锦江一路到了杭州。

唐天宝四载（745），盛夏的杭州热得让人寝食难安，江边已经挤满了纳凉的人。原本江边带着水汽，有些凉风，可这段时间钱塘江边船只繁忙，人来人往，就好像钱塘江也随着沸腾了起来。

与其说杭州人来江边纳凉，还不如说来江边看热闹，顺便买些好东西。自从韦坚以广通渠为基础修建了广运潭，杭州码头的生意更红火了。原本码头上往来的货船都是大宗货物，有从别处运来的，也有运走的。有广陵的锦、镜、铜器；有南海的玳瑁、珍珠、象牙、沉香；有宣城的空青石、纸笔、黄连……

这些货物大多运往长安，不过是在这里中转。其实重要的货物都装在官船的大箱子里，一般人也看不见。在杭州百姓眼里不过是船只繁忙，按理说看一两次便会觉得无聊了。可这一整个夏天，江边的人就没少过。

江边的漕运小吏也觉得奇怪：杭州百姓不顾夏日炎炎，都到这江边干什么？正在摸不着头脑时，只见一群小孩手里拿着碗，跑向码头，穿进人群之中。不一会儿，一个孩子又从人群中钻出来，碗里乘着桃汤。这孩子小心翼翼地端着，生怕洒出来。

这小吏就拦住其中一个小孩，问他："你手里端的何物？"

这小孩不过七八岁，看着这漕运小吏，说："郎君，这是杏浆。"

"为何非要到这码头来……"

小吏话还没说完，一只蜜蜂落在了小儿的杏浆中，把这小儿心疼得手足无措。把蜜蜂弄出来后，小儿对着这小吏一笑，便端着碗走了，他正着急回家，给阿爷阿娘吃来解暑。

小吏挤过人群，走到码头一看，那来自成都的船就停在码头边。码头上有一个简易的桌子和招牌，桌上摆着空碗，店家身后有两个大缸，一边是桃汤，一边是杏浆。船上的人不停地给他递一个个土罐，都盖着盖子，可还是引来一众蜜蜂。这小吏想起刚刚也有一只蜜蜂掉入了那小儿的碗中。

这漕运小吏还算聪明识货，一下便猜到船上运的是蜂蜜。看见众人疯抢，小吏也决定买上一碗，他没想到这个距离成都千里外的城市，竟然有如此香甜可口的崖蜜。以前桃汤和杏浆多会掺入白糖，与这蜂蜜搭配堪称绝妙。

这崖蜜是上乘好蜜，产自成都。那里多山潮湿，树木多、花期长，适合蜜蜂生存。加之成都的蜂群多采食百花，蜂蜜更是清新香甜，品质堪称全国极品。杭州人喜欢吃甜，更不能错过这码头边新鲜的成都蜂蜜。

加之如今夏桃上市，这店家便用新鲜桃肉做了桃汤，改进了以往用春日桃枝和草本熬制的制法，这样一来，桃汤更是香甜可口。杏浆的做法也很考究，店家将春日的苦杏用盐和糖熬熟，然后酿起来放到夏季，再做成杏浆。

店家每日破晓就来到江边，先把招牌支起来，搭好桌子。然后将盛着桃汤和杏浆的大缸放在码头边的水中，江水清凉，犹如冰镇的夏日特饮。而这一切都准备好之后，只待一件事。

辰时一过，江边的船只就多了起来。杭州百姓大多吃完了朝食，来赶早市的人一拨接一拨。这店家就在等

蜂蜜

一艘船，一艘来自成都的船。只有成都的船到了，他的甜汤才算完成。

天气热了，杭州人不思饮食，对甜却难以抗拒，成都的蜂蜜便是他们的心头好。除此之外，杭州人还喜食蜜饯，从前用糖制的蜜饯总会少些风味，但现在他们学会用蜂蜜做成杭州蜜姜。夏天时，杭州人就买下成都运来的大量蜂蜜，一是留着制作解暑特饮，二则是留到秋天生姜上市，将它与生姜料理成蜜饯食用。

如此一来，到杭州卖货的成都人越来越多，蜂蜜也成为成都货物中的主角。也不知从何时开始，杭州早市和夜市中多了成都的蜜饯行，而集市中的小吃也增添了蜂蜜口味。

就这样，新鲜的成都崖蜜陪杭州人度过了一个又一个酷暑。等江南和炎炎夏日告别时，江南人也和蜂蜜这种时令食物告别。可是往来杭州和成都的货船却依旧繁忙。除了蜂蜜，船上还有很多两地百姓都不曾见过的东西。

这一年的秋天，苏家阿郎到杭州的时间有些晚了，很多好的绸缎、首饰、瓷器都被其他捐客悉数卖给了来往货商。只因今年杨国忠颇受皇帝宠爱，李林甫便心生妒忌，命人在蜀地暗暗剪除其党羽，以防后患。

因为交通有所闭塞，过关浪费了些时间，苏家阿郎到了杭州码头才阵阵懊恼。好的货物都被挑走了，只留了些白瓷和蜂蜜腌制的蜜姜让他装到货船上。苏家阿郎觉得这些货物卖不出好价钱，有些失望地踏上归途。

可他没想到，船上的蜜姜是这年的贡品。原本是要送到长安的，可是装船的小吏记错了件数，少搬了一件。

而这一件蜜姜便被阴差阳错地送到了成都。

## 甜味和辣味的结合

唐大历元年（766），新岁来临，河山收复，成都人的除夕过得很红火。集市上蜜饯行的生意一直不错，尤其是苏家阿郎的铺子。大街小巷，没有人不吃苏家的蜜姜。那从杭州运回来的蜜姜，味道浓厚，蜂蜜的香甜掩盖了姜的辣味，又保留了暖胃功能，最适合冬日里吃。

可是在二十年前，苏家阿郎可没有想到，这蜜姜能在成都如此受欢迎。虽然成都产蜂蜜和生姜，成都人也做蜜饯，但是这蜂蜜和生姜的搭配，以前确实没有尝试过。其实成都地势低矮，夏季气候湿热，当地人易得湿暑，冬季的寒气又带着山间的湿冷，常让人四肢疼痛。成都人吃生姜驱寒是再好不过的了。但是生姜味道辛辣，只能作为调味品放入菜中，虽说对身体大有好处，却也有很多人难以接受生姜的辣味，只好敬而远之。可是这杭州的蜜姜却不一样。

苏家阿郎自己也没有想到，那个二十年前他刚刚回到成都的夜晚恍如昨日。

中秋刚过，夜市的生意还很红火。看看周围瓷器行中人头攒动，就知道这一夜，瓷器都让越州的青瓷夺去了光彩，他根本不指望白瓷会有人光顾。

苏家阿郎让自己的小儿背上卖货的托盘，将刚进的蜜姜切成小片包起来。每一包上都贴上"杂货苏"的标识。一筹莫展的苏家阿郎坐在店里没一会儿，就见小儿跑回来，手里的托盘已经空了。

"阿爷，我卖光了！"小儿开心地跑进店里。

"人人都问我这次的蜜饯是什么果子，我不知道。往常你让我去夜市卖货都细细给我讲清楚是什么果子，怎么做法。可这次什么都没跟我说……"那小儿一边数着今晚的钱，一边念叨。

苏家阿郎还是不敢相信，这杭州的蜜姜竟然卖得这么好？他拉住小儿："真的都卖完了？"

小儿说："钱都在这儿了，还能有假。我还在夜市上碰到了李公子，他还当着我的面吃了，说好吃，才问我是什么果子，我不知道，便让他们来店里找阿爷……"

苏家阿郎拿出店中的蜜姜切了，自己吃了一片，给了小儿一片。没想到这蜜姜很是好吃。蜂蜜将生姜的辣味全都去掉了，口感比果子做的蜜饯硬朗，吃到胃里热热的，能驱寒气。

第二天早市刚刚开市，李公子就派了管家来苏家的杂货店。

"苏阿郎，苏阿郎……"

管家还没进店门就慌里慌张地找苏家阿郎。李家一直是店里的常客，苏家阿郎也热情招待，一问才知管家是为昨晚的蜜饯来的。苏家阿郎告诉他，那是杭州的蜜姜，管家不管那么多，告诉阿郎下个月李公子订一斗这蜜果子。

苏阿郎大惊，一斗蜜姜是要当饭吃啊！

这天，杂货店里来了很多人，都是来询问这蜜姜的。一时间，成都的蜜饯行中有了蜜姜的一席之地，而这"一席"的地位还不低。渐渐地，成都人喜欢上了这蜜姜。从杭州来的货船中十有八九都载着几斗蜜姜。

二十年后，苏家阿郎已经儿孙满堂。如今成都的蜜饯生意都是苏家说了算，众多的蜜饯中，杭州蜜姜年年被疯抢，尤其是过年前，更是好卖。更别说是今年，永泰元年（765）了。这一年唐朝休养生息，擦去遮盖在大好河山上的战乱阴霾。成都百姓虽不受战争影响，但是这年游子返乡，将士凯旋也是喜事。临近除夕元日，杂货行的生意更是火爆。

走在成都集市上的人，唯独他开心不起来。

家家都等到了征人，唯独杜甫没等到严武。他一个人走在集市上，看着人潮涌动，店铺火爆，可是没有严武的消息，他连买新年画的心思都没有。就在此时，一个小少年拉住杜甫的衣袖："阿爷，来尝尝蜜饯吧！苏记，

蜜饯

很有名的……"

杜甫一看，这孩子不过十二三岁，心里却一紧，要是自己的小儿子还在也是这么大了。思子之心一动，便向这小孩买了些蜜姜，就回到浣花溪边。

冬去春来，那包蜜姜放在盒子中，杜甫一块都没吃。

"严武终于回来了，你回来了就……"

杜甫喝得醉醺醺的，扶着浣花溪一路的栈道，回到了自己的草堂。严武终于回到成都。如今安史之乱平定，蜀中也没有了战事，成都人的生活又回到了从前的安逸和富足。

杜甫也开心了起来，这一醉迷迷糊糊回到家才想起，过年的时候还给严武买了蜜姜，竟然也忘记了。趁着酒劲，他跌跌撞撞打开那小盒子，拿出一片蜜姜放入嘴里，一股清甜在口中蔓延，生姜的香味顺喉而下，片刻之后胃中便暖暖的。

这一晚，杜甫便含着这杭州蜜姜睡着了。半梦半醒之中，窗外的雨声越来越大。第二天清晨，夜雨已经停了。杜甫捏着太阳穴，坐在床边，拿起一块蜜姜吃了下去。原本想在家中略坐一坐，但是窗外已人来人往。

那是浣花溪和锦江上的船，有客船，也有货船。虽然是早晨，但是已经有人在浣花溪边停船卸货。杜甫走过去一看，这船上装的不就是蜜姜吗？这船上写着大大的"苏"字，往来的船只非常多。有的船运着丝绸，有的船载着杭州产的纸……

杜甫沿着浣花溪一路走去。春日的暖阳让人微微有些发汗，西边的柳树已经发芽。往上游走去，锦江的水流滚滚向前，岸边游人争渡，顺水东去。看到这样的景象，他不禁吟成了"门泊东吴万里船"的诗句。

自从唐乾元元年（758），杭州归浙江西道管理，下设八县，已经是一派"骈樯二十里，开肆三万室"的兴旺景象。这里商业逐渐发达，各种商品越来越多，相同的店铺在集市中形成"行"。

杭州的蜜饯从唐就开始流行，成都的蜂蜜一直是当地的珍馐美味。一东一西两座城市靠着河道的连接，完成了一次口味的融合。这样的融合在历史上出现过多次。在明代，辣椒传入中国，通过宁波、广州港销往内陆。一开始，杭州人并未接受辣椒这种食物，它便被运到了成都。辣椒在成都大受欢迎，机缘巧合下，辣椒又随着成都人的货船来到了杭州。

这一次，杭州人没有对它视而不见，而是将辣椒作为观赏性的植物，甚至还写进了戏剧之中。

# 杭州的蜀锦和成都的荔枝酒

## 登楼饮酒的好日子

两个相隔千里的城市竟然有相同的口味。这不仅是一种风味上的巧合。随着时间的河流逆流而上，就能发现掩藏在时光中的交往。而实现这一切全靠长江和岷江。全靠这从汉延续的"门泊东吴万里船"的缘分。

杭州人嗜甜，而成都盛产蜂蜜。一次奇妙的通商开始了，蜀地的特产开始运到了杭州。而每一次的运输都是山遥路远，这就让两座城市的百姓，收到对方城市特产时如获至宝。尤其是在南宋时期，商业街区和都市生活蓬勃发展的年代。

范成大和陆游饮酒之际，居然看见了一件龙袍。这不仅是一件蜀锦织就的龙袍，还是将杭州和成都联系在一起的桥梁。此时，杭州已经改为临安府，南宋于此偏安，而成都依旧是天府之国。或许杭州人已经像千年前那样，对成都充满艳羡。其实，南宋是两城交往最密切的时期。杭州百姓的每一道菜里都有成都运来的蔗糖和蜂蜜，成都酒馆里都是杭州的荔枝酒。

这一切联系的背后，都要从范成大和陆游登楼说起。

宋淳熙三年（1176），清晨，浣花溪边游船往来如梭，卖花郎挑着春日里最娇艳的花朵在叫卖，众多盛装的女孩在挑选着鲜花。范成大和陆游就在这浣花溪旁惬意地走着。

去年年初，范成大从桂林调到成都，自己的挚友陆游也调到了成都。虽然范成大在朝廷做官的名望很大，但他是个豪爽的性格，不像某些朝廷命官那样做出一副官僚腔调。正好陆游也是个豪爽的性子，一来二去，两人就成了挚友。

七天前，范成大邀请陆游七天后和他一起登楼宴饮。当时陆游还疑惑不解，说范至能（范成大，字至能）饮酒从来是随性而为，什么时候还要预约档期了？范成大听后爽朗一笑："你居然不知道七天后是什么日子？"范成大没有想到，陆游在成都好几年，竟然不知道四月十九的大日子。

陆游尴尬地笑了笑。当年骑驴入川，心情能好到哪

陆游

去呢？自然对什么事情都没有心思了。

原来这四月十九是为了纪念一位夫人——相传唐朝时，有一位僧人路过浣花溪，见溪边有户人家，他就前去化斋，之后便在这户人家里小住了几日，略作休整。这户人家的女子将僧人换下的衣物拿去溪边浆洗，没想到僧人的僧衣经过这女子一浆洗，竟然在水中生出了朵朵莲花，清香四溢。从此，这位女子得名"浣花夫人"。传说中的这名女子正好就是大唐成都尹、剑南西川节度使的夫人。在大历年间，她曾保卫成都。因为四月十九这一天是"浣花夫人"的生辰，所以人们便在这日到浣花溪附近来祭祀她。

关于浣花溪还有一个令人称奇的地方。相传在汉朝的时候，成都有一种叫"浮光锦"的贡品。这种绸缎在阳光的照射下，波光粼粼，耀眼动人。而制作浮光锦的关键，就是将织好的锦缎放到浣花溪的溪水中洗一洗，这溪水的波光粼粼自然就到了锦缎上。

临近中午，浣花溪边已经人声鼎沸，人人手里都捧着春日的繁花。浣花溪边的沧浪亭里，此时的范成大和陆游已经酒过三巡，两人都有些微醺。

"范兄，要真是论起年龄，你还比我小一岁呢！可是我登科及第比你晚，我是你的后生。"

"你怎么这样说！如今这朝廷，谁没看过你的诗？你这是谦虚了。"

两人推杯换盏，伴着涌动的人潮，醉意越来越浓，而诗情就在此时爆发。陆游摇摇晃晃站起来，说："这浣花溪带着盛唐的气息，咱们今天的宴席也是盛唐的气息。"说完，他将杯中的酒一饮而尽。他睁着一双蒙眬的眼，看着自己的酒杯说："这酒好喝！似曾相识……"两人哈哈大笑。

到了傍晚，白天祭祀的人群还未散去。街道两边架起小吃摊，有南方独有的甜酪，还有成都的米糕和裹着蜜糖炸出来的焦䭔①。他们吃着街边的小吃，等着夜晚的到来。听说今晚的夜市，有稀世珍宝能让大家一饱眼福。

成都每月的夜市都有不同的主题，四月主要卖锦缎。在这一个月中，成都各个绸缎庄都会到夜市上摆个摊位，蜀中的织务局也会将自己这一年最得意的绸缎拿出来展示。

听说成都蜀锦绸缎庄老板张元生好几个月前就放出话：今年要做一件谁都没见过的锦衣，等四月夜市便展示给众人看。张元生是成都数一数二的绸缎商，有一年蜀中的织务局人手不够，让张元生的爷爷做了一匹波光锦，从此，张家的绸缎庄就像是沾着皇家的贵气，在成都站稳了脚跟。

夜幕降临，华灯初上，夜市开始热闹了起来。张氏绸缎庄的位置上迟迟没有人来，人群开始骚动了起来。大家伙儿纷纷在问："张元生不是织出了一匹世人都没见过的绸缎吗，如今在哪？"有人说："到现在都不见他人影，肯定是说了大话，自惭形秽，已经跑路了。"人群的骚动声越来越大，甚至有人说要砸掉张家的店铺。

就在这个时候，夜市的另一边，连着浣花溪的地方，忽然出现一艘两层的大船。人群鱼贯涌向浣花溪边，原本在沧浪亭中酩酊大醉的陆游，被喧闹声吵醒，猛地一惊。他看向身旁，范成大鼾声如雷，睡得正香。溪边的声音

① 宋代一种糯米制成的甜食，发展到今天成为糖油果子。

越来越大，陆游揉了揉惺忪的双眼，心想，难道是今日的祭祀还没有结束吗？或是什么水上的游行？怀着好奇，他起身走向江边。

水面上两层高的大船，如同一栋水中阁楼，船上雕梁画栋。对岸，从夜市涌来的人越来越多，黑压压的一片。甲板上有人鸣锣击鼓，船头出现一个人。对岸有人大喊："是张元生！"此时，只见张元生打开一个黑檀大箱，夜晚的灯火照在箱子里有盈盈的光。众人仔细一看，才发现他拿出来的竟是一件龙袍！

## 临安珠宝千千万，不及蜀锦身上穿

时间回到两个月前，临安皇城德寿宫中发生了一件大事。

太上皇赵构的爱妃刘太妃忽然晕倒了。可是当太医急急忙忙赶来时，刘太妃的侍女却将他挡住，不让他进。听小内侍们说，刘太妃是因为想要自己给赵构做生辰礼物，在自己的宫里焚烧枯草被烟雾熏倒了。

给太上皇做生辰礼物是大事，他的嫔妃纷纷拿出自己的本事。她们相互绷着，谁都不让别人知道自己要送的礼物是什么，生怕自己的七巧心思被其他人学了去。尽管这位刘太妃是赵构最宠幸的妃子，但为了给他准备礼物也是煞费苦心。

去年赵构生辰，当今皇帝赵昚因崇尚节俭，给赵构送的礼物过于简单，赵构便大发雷霆。今年生辰谁敢不用心呢？

刘太妃向来是争强好胜的性格，想在太上皇面前博一个头彩。她听自己宫中的宫女说，汉代张骞出使西域带回来了一种烟花术，只要用一种枯草焚烧后捣成粉末，攥在手中，再加入玉粉，张开五指就像是灿烂烟花在手中绽放。刘太妃一听就觉得此术肯定能讨赵构的欢心。于是，她在宫中偷偷研究此术。可是她没想到，烟花术没研究成，自己却被熏倒了。

昏睡了两天两夜之后。

刘太妃从梦中惊醒。她梦到自己准备的礼物，赵构不喜欢，把她打入冷宫了！侍女闻声纷纷赶来，说："太妃，你没事吧？你已经昏睡两天两夜了。"

刘太妃大惊，从床榻上起来："那如今已经二月十九了！离他的生辰只有四个月了……"刘太妃一刻都不敢耽误，她想要下床，奈何手脚无力。不知道是不是那些枯草有毒，能让人昏迷这么久。

为了太上皇的生辰礼物，本就在病中的她，阴阳失调，人消瘦了一大圈。二月份的临安才刚暖和起来，到了晚上还是更深露重。刘太妃一手按着太阳穴，斜靠在卧室的榻上，她还没有想到什么好主意。刘太妃的侍女们看到自己的主子这么焦急，自己却一点忙都帮不上，也觉得很内疚。

到了二更天，各宫苑寂静一片，刘太妃还没睡下。

"哎哟，您当心熬红了眼睛。"

刘太妃宫中的侍者陈谦润走到她身边，在桌上轻轻放了一碗上莲红参血燕。刘太妃没有理会他，只是轻轻眨了一下眼。陈谦润站到床榻旁边，给刘太妃揉着太阳穴：

"您这是何苦呢？您不管送什么，太上皇都会喜欢的。"

"你忘了去年了吗？"

"被打入冷宫是她倒霉，太上皇肯定不会这样对您的。"

可是这皇家的凉薄只有刘太妃知道，什么宠妃、千金富贵，还不是说没有就没有了。刘太妃就此沉默，神色中还带着几分伤心。陈谦润看到自己服侍的主子这么伤心失落，心里也不好受。

他服侍了这么久，私下也结交了不少关系。更何况他的哥哥还是赵构身边最得宠的内侍——陈源。

陈谦润跪倒在刘太妃面前："太妃，奴婢倒有个法子，可是一直没有告诉您！请您恕罪。"话毕，他跪在地上也不起来。

刘太妃有些吃惊："你早就有法子，为何不说？"

陈谦润依旧低着头："奴婢说的这个法子要用到一个人，可是他……"

"可是他想要攀附天家富贵，对吗？"

陈谦润连忙磕头认罪："奴婢知道您最不喜欢这个，所以不敢告诉您。"

刘太妃看着服侍自己多年的内侍，知道他最忠心，便对他说："如今这法子若真能解燃眉之急，他的要求我也会满足。你给我说说，这是个什么法子？"

"您可知道蜀地的浮光锦？"

"当年北方战乱，仓皇南下，不是说这浮光锦的制法早失传了吗？"

"您有所不知。前些天，成都蜀锦局的人来拜见我，他对我说，虽然当初进贡那匹浮光锦的人已经驾鹤西去，可是这浮光锦的织造手艺，他传给了他的孙子，一个叫张元生的人。而且这个张元生不仅会织浮光锦，还将此法改进，能做一件汇聚日夜光芒的彩衣。听说这彩衣是冰丝中夹着金线，再穿织宝石，要数十人没日没夜做两个月才能做出来。"

刘太妃心想，如果真能将这样一件仙衣送给太上皇，那自己的地位就谁也动摇不得了。于是，她说："这个人求什么？"

"做官。"

蜀锦

"此人是蜀锦局引进给你的，你告诉他们，两个月后我要见到这件衣服。若真像他们说的那样是一件仙衣，到时高官厚禄自然少不了。不过他们要是胆敢哄骗我，坏了我的好事，那就不只是要他们的人头了。"

两个月后的这一天，正好是四月十九。

"主子……主子……"陈谦润一路跑进刘太妃的寝殿，一脸欢欣的脸上还挂着细密的汗珠，"主子，成了！"

## 客官，这就是杭州的荔枝酒！

十一月份，成都的天气已经冷了起来，也不知道为什么，宋淳熙三年（1176）这一年的冬天特别冷。也正是如此，浣花溪边的梅花早早开放了。即使是冬天，蜀地的人也喜欢热闹，浣花溪边的酒楼还没到中午就开始喧闹起来。

在春日对浣花溪依依不舍的陆游，如今就住在了这附近。闻着浣花溪的十里梅香，他只好从几个月前的"放翁"，做几个月的"醉梅"了。现在的陆游不用再去成都府衙，应付朝政上的事，他又一次丢官躬耕了。其实这件事，陆游也不用太委屈。要是他刚到任那段时间，不和范成大天天酩酊大醉，做出豪放不羁的姿态，也不会有人连连上书要罢免他。

成都的梅香清新，这让陆游想起了多年前在临安的日子。当时的他意气风发，不过因为秦贼当政，却让他吃尽苦头。他又想起二十三年前，绍兴二十三年（1153），参加锁厅试，他又一次落榜，在临安的酒馆喝得酩酊大醉。江南人喜欢喝甜酒，当年那酒原本是甜甜的，可陆游怎么喝都是苦的。

荔枝酒

　　往事在陆游的心中起起伏伏，所以他现在要去溪边的酒楼喝一杯。

　　也不知怎么的，今日想寻个安静的地方，偏偏这浣花楼中比平时还要热闹。难道今日又是什么特别的节日？陆游从二楼往下看去，只见一楼像是在摆酒席，众人纷纷向一个男子敬酒。这个男子虽然风度翩翩，但是眉宇之间却透露着算计。可是陆游没看到这些，他只觉得这个男子眼熟，却想不起来在哪里见过。

　　陆游正扶在栏杆上，向下打探的时候，小厮上来送酒，没注意站在扶手边的陆游，差点撞翻他手里的酒。陆游看向小厮，说："如今没有范大人作陪，你们也敢怠慢了？随便什么酒都敢端上来了？"

　　小厮连忙说："客官，我们哪敢怠慢您？店里给您的酒一直都是最好的！这酒是……"

　　还未等小厮说完，楼下那请客的男子大声呼喊："店家，店家，你们的酒挂羊头卖狗肉……"

小厮闻声下楼，老板也从里屋来到了前厅大堂："嚷什么，嚷什么？张元生我告诉你，我看你也是商人，你我是同行，我给你个面子。你少在我这儿撒泼！"

陆游看着楼下的争吵，心想"张元生"这个名字好熟悉……

张元生也不说话，只是端着酒杯看着老板。他身边有人指着老板说："你看清楚，现在是张大官人，人家已经入朝为官，吃朝廷俸禄了！"

张元生此时拿着酒杯问老板："如今我在临安做官，当地盛产荔枝酒，本官也喝过。你口口声声说这是从临安而来的荔枝酒，根本就不是那个味道！"说着便把酒泼在地上，指名道姓说酒店老板是奸商，竟要将他送去官府。

阁楼上的酒客纷纷叹气，小声说张元生做了官就飞扬跋扈了起来。有人说，张元生就是靠着那件龙袍才当上官的。陆游这才想起来，楼下那个要把老板送进官府的人，就是半年前在成都夜市上引得万人空巷的那个绸缎庄老板。

陆游听身边的酒客接着说："张元生买通了蜀锦局的人，将自己做的龙袍献给刘太妃当作太上皇的生辰贺礼，就是这样才得到的官职。"于是，酒客开始七嘴八舌，有人在说张元生本身就是势利小人，有人在说他凭本事吃饭。就在此时，楼下已经打得不可开交了。张元生和老板扭打在一起，他身边的酒客和店员也都厮打在一起。

突然，冲进来了捕头和衙役，吼一声："都不许打了！"时间好像在这声震天的喝令之中停止了。众人看向门外，一个身穿官服的男子走进来，陆游在二楼实在看不清他的脸。那男子走到老板面前，此时张元生还攥着老板的领口。老板挣脱开，作揖道："范大人！"来的人正是四川制置使、成都知府范成大。听说有人闹事，连忙赶来。听见老板叫"范大人"，陆游这才知道是老友范成大来了。

"怎么，范大人，看到同僚也不打个招呼吗？"张元生在一旁油滑地说道。

"张大人，即使你如今谋得高就，也不应该忘记自己的家乡。你如今在繁华的临安做官，可否想过为生你养你的成都府做些什么？"

张元生狠狠翻了一个白眼，说："我入朝做官，难不成还要随时上谏皇上，施惠成都，修楼建田吗？"

范成大根本没有把这个人放在眼里，他不过就是个奸诈的商人，一时之间得了势。范成大听后便说："既然张大人的为官之道是将自己家中的稀世珍宝尽数拿走，那你为什么要为难浣花楼的老板？就因为他如今的生意做得比你大吗？"

范成大三言两语就说得张元生哑口无言。如今浣花楼的老板靠着水陆交通和临安相连，做了很多通商的生意。蜀地潮湿，多产蜂蜜和甘蔗。浣花楼老板知道江浙人喜食甜食，所以他特地将四川独有的蜂蜜和精糖运到临安贩卖。同时，他又带回来很多临安特产，将绸缎、茶叶和临安著名的荔枝酒都运到成都。

原本宋代的酒都是官家制作，百姓自己是不能做酒的。可是到高宗时期，赵构许民酿酒曲。制酒的制度一放开，酒的种类陡然增多，不同地区的百姓根据自己喜好的风味，制了很多具有本地特色的酒。就拿临安来举例，临安的气候湿润温热，也盛产水果，加上南方人喜食甜食，所以果酒在临安很受欢迎。而果酒之中，荔枝酒香甜可口、气味清新，最受欢迎。

陆游看着阁楼下的热闹，呷了一口杯中酒，打算一会儿等楼下安静了，和范成大喝一杯。其间，他一人独饮，越品越觉得这酒似曾相识。身边的酒客有见过世面的，小声说：“这荔枝酒明明和临安的味道一模一样，我们在临安也是喝过的。”陆游这才恍然大悟，这不就是二十多年前那醉人的甜酒吗？确实是荔枝的果味，浓郁香甜，酒香也令人沉醉。

在陆游的眼中，四月十九那一晚的游船，是一场豪华盛宴。而对两个城市来说，是延续商业交往的见证。曾经临安说起成都就是蜀中多潮湿，恐怕还不知道成都特有的花椒和姜梅特制的小食。可如今，临安人的舌尖上还有着成都的味道。从前成都人无法尝到的临安美酒和杭茶也随着互通有无的商船入蜀来。百年后，西湖龙井始成名，也流入成都，让成都的茶，在炒制茶青中调制出豆香。

# 参考文献

1.〔后晋〕刘昫等：《旧唐书》，中华书局，2000年。

2.〔唐〕李肇：《唐国史补》，上海古籍出版社，1957年。

3.〔宋〕欧阳修：《新唐书》，中华书局，1975年。

# 徽州与杭州：买卖之中的风物融合

杭徽为毗邻州府，仅隔一座天目山。水路可沿新安江直达杭州，陆路可从徽杭古道。从地理上看，两地关系密切。

正是两地的地理优势，让杭州和徽州建立了重要的商业往来。徽州的歙墨、婺源砚、祁门茶，徽州木材、徽州毛豆腐都是徽州独有风物。杭州位于京杭大运河的最南端，是丝织业中心、木材的集散地，也是两浙盐业的经营中心，更是繁华的江南大都会。

徽州商人或走水路，或沿着崇山峻岭间的徽杭古道，来到杭州。让徽州的一事一物逐渐融入杭州人的生活之中。明、清乃至民国时期，徽州的茶商、木商、盐商在杭州拥有极大的势力。徽州米商几乎垄断了杭嘉湖平原的粮食市场。至今，杭州仍留有"徽州塘"、徽州会馆、新安惟善堂等徽州印记。徽杭两地在买卖之中完成了两地风物的融合。

# 古道通江浙，江南第一关

古语说，徽州人"好别离"，还有一"好"，那就是"好去杭州"。徽州别离之人中十之有九都是去的杭州。

徽州人背井离乡也是生活所迫，而杭州与徽州相邻，"去杭州"成为离乡人的首选。早在汉代以前就有徽州人匆匆赶往杭州。徽杭边境山势险峻，水流湍急，前往杭州的百姓多是十去九回。正是因为道路难行，如今杭州都还流传着众多徽杭古道的传说。

但徽州百姓因住地多山，耕田难收，或是战乱失家，即使知道道路艰险，他们也不得不冒险前往杭州。这样的民风一直沿袭，修路就成为最要紧的事情。可是山路崎岖艰险，能修出古道堪称奇迹。

而这样的奇迹，就在明代发生了。徽杭古道西起安

徽杭古道

徽省宣城绩溪县伏岭镇，东至浙江省杭州市临安区清凉峰镇浙基田村，连接了皖南和浙西，曾被喻为皖浙两地的生命线。

"江南第一关"又名瑶瑶岩，是徽杭古道重要关隘，门楣西刻"江南第一关"，东刻"徽杭锁钥同治二年里人建造邵道棠题"。

徽杭古道是徽州和杭州的重要纽带，联系两地的重要贸易交流通道，见证了两地经济、文化等方面交往的历史。

修路期间传出了很多故事，或是鬼怪阻挠，抑或是不屈不折的修路人的赞歌。这些故事无非是说徽杭之间难行。而其背后是徽州人的坚韧和智慧，这样的品质也因人口迁徙，影响了杭州。

明嘉靖年间（1522—1566），绩溪龙川人胡宗宪曾任杭州知府，不久后升为浙江巡按御史，提为总督，总制七省军务抗击倭寇。抗击倭寇胜利后，胡宗宪想为乡民们办些实事，做做贡献。他从老家龙川村经徽杭古道往返杭徽两地多次，想到这条宋代胡旦开凿的道路太过狭小，只能徒步攀登，不便在其上行走车马轿子，胡宗宪便出资修建了部分路段。

当年抗倭的战争不断，胡宗宪也是在艰苦条件下修建了部分路段。原本山间的小路都是人口迁徙日积月累留下的。但到了战争年月，这些小路发挥了超乎想象的作用。

明嘉靖三十九年（1560），徽州的夏夜星空灿烂，龙川尚书府的灯已经熄灭。府邸主人胡宗宪年事已高，

杭
州
风
尚

**H
A
N
G**

**Z
H
O
U**

胡宗宪少保府

可还没休息，他的孙女胡小小还迟迟不肯睡觉，吵着闹着让爷爷再讲一个故事。

"那爷爷再给你讲个你没听过的故事。"

他这一晚选的是《搜神记》中忠犬黑龙的故事。在孙权统治时期，有个名叫李信纯的襄阳人。一天，他到城外去喝酒，喝得酩酊大醉，一头倒在了酒铺外的草地上。他家中养的狗迟迟等不到主人的归来，焦急不已。太阳逐渐西沉，主人依旧未归，这狗便到城门外去寻找。它循着气味来到酒铺，奈何草丛太高，这狗嗅了几趟终于找到李信纯。

可是李信纯酩酊大醉，这狗根本叫不醒他。而远处来了一个猎人，听见草丛有声响，便断定其中有野物，决定放火烧野草抓点野味。眼看火就要烧到李信纯了，他依旧鼾声如雷。这狗无奈何，只好将自己浑身打湿，把李信纯的身边浸湿，才救下了主人。等到李信纯酒醒，这狗已经……

故事讲完，小小也已经进入了梦乡。看着孙女甜甜地入睡，胡宗宪此刻脸上却流露出了悲伤。他吹熄了孙女屋中烛火，走到院子中坐了下来。今晚故事中忠犬是只黑狗，这让他想起了自己多年前遇见的那只黑狗。

如果要将这狗供奉起来也不为过，后世有人说它是山神，专为胡宗宪引路的。它为修建徽杭古道做出了莫大的贡献。

多年前，明王朝的土地，尤其是江浙一带，饱受倭寇的侵袭。所以当时胡宗宪常常因为战事往返于徽、杭之间。徽州和杭州相隔不远，可是之间有大川相隔，阻断了两地的通路。不过即便如此，胡宗宪却仍能轻松地和江浙互通消息，靠的就是这黑狗。这只狗是胡宗宪的信使，每次要出兵的时候，他都会派大黑狗去送信。这只狗不仅认识路，还能在崇山峻岭间飞奔前行，丝毫不耽误送信的时间。

山路难行，即便是人借助外力在皖浙之间行走都十分费力，可是这只大黑狗却能来去自如。一开始胡宗宪也没在意，几次说起这件事之后，胡宗宪觉得很惊奇。于是，一次送信时，他派人跟着这只大黑狗，发现它走的路是皖浙之间最近而且最易穿行的。胡宗宪想起自己每次从杭州回老家都要徒步翻山越岭，突然灵机一动：何不跟着黑狗修一条路，既方便自己，也方便乡亲们。于是，他命人跟在黑犬后面，沿线勘修了一条便道，这才有了沿用到后来的从徽州途经瑶瑶岩到杭州的徽杭古道，也有了"江南第一关"。

当代诗人程良骏有绝句感叹徽州人在这条古道上奔波："远望江南第一关，几多游子泪潸潸。逍遥岩上将军石，何日归来奋力攀。"赶走倭寇，两地生活回归平静。胡宗宪修的"江南第一关"，将徽杭两地联系在了一起。便有更多徽州人来到杭州。

到了杭州的徽州百姓不愿与流民为伍，没有生活资本的他们，开始经商。有人从一个小小的掮客做起，最后成为一代富商。越来越多的徽州人向往着杭州生活，从而历朝历代都有大量徽州人迁至杭州。

# 走徽杭，无徽不成市

杭州与徽州相邻，距离很近。从徽州绩溪沿着皖南浙西交界的徽杭古道穿行几十里就可以抵达杭州。徽商将皖南地区的茶叶、药材等特产运到杭州，又将杭州的日用百货运进山区。杭、徽两地交往更加紧密。在徽州商人的努力下，徽州商品在杭州接二连三地出现，被杭州百姓所接受。毛豆腐就是其中一种特殊的徽州美食，却出现在杭州的大街小巷。

元至正十七年（1357）七月，大雨接连下了三天三夜。朱元璋手下将领胡大海刚刚把徽州守城元帅打得落花流水。胡大海准备率众将士进入徽州，从婺源（今江西上饶下辖县）长驱直入。可是大雨一连下了三天三夜，根本没有要停歇的意思。即使他打了胜仗，也只能被困在婺源的山中小道新岭道上。

毛豆腐

新岭道是从徽州婺源进入浙江的首选路线。它将徽州最南端和杭州的淳安（今属浙江杭州）连在一起，从鸡公尖南麓山坳的新岭穿越而过。这里算得上是个行路打仗的好地方，所以自古以来就是兵家必争之地。但在大军粮草即将耗尽的危急关头，这些好处还不敌一块粳米糕。

胡大海本是安徽人，却没想到在自己的地界上会有如此狼狈的时候。正当大军饥肠辘辘的时候，突然传来一阵豆香。不知是谁家新磨了豆子，做了豆腐。那香味，简直诱人至极。

于是众人四下寻找，最终找到了一家豆腐作坊。他们本想要向老板要一些豆腐，可将士太多，老板的豆腐不够吃。然后，他们发现了放在墙角的豆腐。因为这几天阴雨连绵，豆腐上居然长出了细密的绒毛。

胡大海看着长毛的豆腐觉得丢掉可惜，就问老板能不能把长毛的豆腐给自己。老板想反正也不能卖了，便爽快地答应了他的请求。胡大海把长毛的豆腐拿到军队中，士兵们都劝胡大海别吃。胡大海看着变质的厚厚绒毛，也真是不敢下嘴。他只好生起火，将长毛的豆腐烤熟，没想到这炙烤竟使得美味由此诞生。炙烤的时候，长毛的豆腐发出一股香气，其中不仅有豆子的醇香，还有发酵过后的酱香。闻到味道后的众人，馋虫被勾了起来。

这个故事是每一个在杭州街头巷尾卖毛豆腐的小摊贩都会讲的。每次走在杭城的大街上，卖毛豆腐的小贩拉着长长的声音吆喝，就有很多小孩从巷子里出来，围着他们听故事。走过的大人也会买毛豆腐充饥，或是当作小吃。到了下午，茶肆生意红火的时候，那些喜咸的食客常常也会选择一块毛豆腐来解馋。

没想到，这样一块小小的毛豆腐竟成了日后著名的小吃。虽然这些故事不过是小贩为了吸引顾客而编造出来的，但其中有两件事是真的，就是这风靡杭州的毛豆腐真的源于徽州，并且朱元璋也真的在徽州大获全胜。

同处于中国的东南地区，徽州和杭州的气候虽然相似，却又有着细微的不同，而正是因为这样的不同，徽州诞生了独特的美味。

除了毛豆腐之外，在杭州老饕口中最著名的徽州美味是"雪岭青"。

雪岭青，又称歙岭青，是全国十大名茶黄山毛峰的前称。雪岭青是徽州特产茶叶却盛行于杭州，被杭州百姓所钟爱。

徽州适合茶树的生长，盛产茶叶。杭州盛产丝绸、日用品。明初，江浙地区经济发展很快，杭州地区对徽州的茶叶有极大的需求。精明的徽州商人看中了这一商

黄山毛峰

机，将徽州的茶叶带到杭州，与杭州当地的茶一较高下。杭州集中了大批徽州茶商，徽茶经营渐成规模。

杭州自古产茶，西湖龙井是当地的名茶，从种植、炒制到存放都带着杭州的味道。龙井茶刚刚诞生的时候，不是一般人能喝到的，它只在灵隐寺和天竺寺中流传。到了明朝，清香甘甜的西湖龙井才走向街头，为众多茶客所喜。

明嘉靖三十七年（1558）隆冬，心寒更似天寒的徐渭来到了杭州。他几次参加科举都名落孙山，想着还不如就在杭州做个潇洒快活的公子哥。到杭州后，他每天都沉浸在茶楼酒肆，不做其他事，就是喝茶饮酒听戏。

没想到，他听戏喝茶也研究出了些门道。

徐渭是绍兴人，很长一段时间里，绍兴所属的越州茶再好喝，也比不过瓷器更出名。于是，西湖龙井加上越州窑成了江南喝茶的标配。等到隆冬一过，就是春天。到了春天就离采明前茶的时候不远了，那就意味着过不了几个月就能尝到明前茶唇齿留香的好味道。

时间过得很快，当西湖边的柳絮飘过，吴山脚下的茶园便开始传出炒茶的香气。这味道从南传到北，淹没了整个杭州府。徐渭把这个味道详细地录了下来，写了很多文章。

初尝新鲜感十足，西湖龙井的甘甜清香把他紧紧包裹住。这种清新的味道是一种感官上的刺激，感受的次数多了，他的感官就开始麻木了。于是，徐渭开始尝试新的茶。成日混迹在茶铺的徐渭很快发现了才上市的新茶。

这种茶和杭州西湖龙井不太一样。

茶身碧如翡翠，还有一层细小的茸毛。徐渭一时间被茶铺老板杯中起起伏伏的茶叶吸引住了。还未等徐渭询问，老板便开口了："徐公子真是识货。这茶是徽州产的雪岭青，在唐朝的时候可是叫雀舌！"

"雀舌？为何叫此名字？"

"因为它形似雀舌啊！"老板拿起一片茶叶，放在手心，说，"这种一叶的就是雀舌，另一种一叶一芽，两叶一芽的就是其他名字了。每年都要在清明前采摘，不然这茶就没行情了！"

"这茶也是在明前采摘？那为何它上市比龙井晚这么多？"徐渭心想，难道是炒制的方法要更烦琐才会推迟上市？

"再怎么说，徽州到这里也有些距离，而且天气不好的时候也不能运茶。所以每年这雪岭青都要比龙井上市晚。"

徐渭听后心想：原来是因为这茶是徽州送过来的啊！徽州商人有点门道！谁不知道西湖龙井如今是天下名茶，杭州本地的茶就已经又好又多，徽州人还能想到将自己的茶运到杭州来卖！

老板见徐渭还是盯着茶叶看，直接招呼他到店里坐："徐公子，你尝尝这茶，就知道其中的妙处了。"

这茶泡成茶汤后，汤色嫩黄，清澈明亮。仔细一品，竟然还透着一股板栗香。

徐渭边喝边咋舌，别看徽州和杭州相隔如此之近，两地茶叶的味道却全然不同。几天之后，杭州府大大小小的茶铺都上了这种新茶。不出半月，这来自徽州的雪岭青竟然在杭州府销售一空。第二批茶得等到谷雨之后才会采摘，但是味道又远不如这明前的雪岭青了。

徐渭简直大吃一惊，没想到如今，在盛产西湖龙井的杭州府，这徽州的雪岭青竟能抢占一席之地。

徐渭见到的雪岭青只是徽州商人抢占杭州茶叶市场的小小一角。实际上，因杭州是一个人口众多的大都市，对茶叶需求旺盛，徽州商人就将以雪岭青为代表的徽州茶叶带到杭州，一步步蚕食杭州茶叶市场。

徽州的生意人把徽州独有的衣食住行带到了杭州。这些极具地方特点的人间风物，逐渐被杭州人接受，成为徽杭生活融合的见证。来杭州做生意的徽州人越来越多，徽州人的坚韧和聪慧也深深影响着杭州。

# 裁剪江山如锦绣

## 小泉剪刀徽州来

徽商堪称是业界的销售第一，他们为了让他乡变成故乡，便把自己喜欢的好东西推广到了杭州。从茶、小吃到之后的日用品、文房四宝，品类越来越多。不过还有一件不起眼的东西，来自徽州，在杭州改变发展，最后走向了世界。

而这个小物件背后记录的是徽州和杭州两座城市之间微妙的关系，还有分不开的百姓生活。

大明崇祯年间（1628—1644），杭州府的制金铁器的店铺中，就有一个被"往外一丢"的徽州手艺人张小泉。

南直隶徽州府黟县（今安徽黄山黟县）世世代代都以做铁器为生。张家的一个孩子一落娘胎便跌进泉水里，于是家里人便给他起名"张小泉"。张小泉的父亲张思佳是当地做铁器的一把好手。都说龙生龙，凤生凤，张小泉的制铁技艺像是从娘胎中带出来的一样。他才三四岁的时候，就会在烧铁的炉旁帮忙拉风箱。再大一些，个子才高出砧子一点，他就能跟着他父亲学打小锤。成年以后，他便接过了他父亲的大锤。

张小泉从小就很聪明，一点就会，又肯用心。没几年时间，他不但将祖传手艺学精了，还在熔、铸、锻、打等方面有所创新，打铁的本领也比他父亲高出一头。他铸的犁尖，耕起田来轻松不费力；他打的锄头，锄起地来又轻又巧；从他那儿买的菜刀，剁骨头也快得很。

张小泉像

可这小子是个愣头青，遇到不公的事情总想着出头。张小泉所在的地方，有一个乡绅早年做生意发了大财，回到家乡颐养天年。可惜这乡绅家中的孩子不争气，仰仗着父亲有些钱财就胡作非为，成了当地的恶霸。

一天，张小泉这个不知道天高地厚的愣头小子和这纨绔子弟碰在了一起，没说几句，他们就拌起了嘴。周围的人本来还想劝解几句，可谁知二人越吵越厉害，竟扭打在一起。

张小泉一介平民竟敢与恶霸起争执，更何况这恶霸还是有钱有势的乡绅的儿子。不过就算他有理，打了人，也没处说理去。他的父母知道这件事后，便收拾行李，整家迁移。

这样的事情在徽州倒是寻常事，可是来不及打点家产，走得如此匆忙的，倒十分少见。

20 世纪 50 年代，张小泉工匠在剪刀上刻花

　　他们一边走，一边想该去哪里定居。因徽州的山地丘陵地形与金衢盆地及杭嘉湖平原形成落差，这里的溪流大多呈东去之势，流向杭州。如钱塘江的上游新安江就源于徽州的溪流。徽州与杭州的联系十分紧密。他们想：杭州跟徽州离得近，且杭州又富裕。既然大江都向着杭州流，不如便去杭州。于是，扛起包袱就是全部家当的张家人，越过山川，往杭州去。

　　后来，杭州城隍山脚下的大井巷，就多了一个生意兴隆的剪刀铺子。这个剪刀铺的老板叫作张小泉。张小泉的剪刀铺是全杭州第一，他的手艺在杭州是出了名的好，做的剪刀样式好，质量也好，口锋利，开合自如，名噪一时。传说张小泉的剪刀是乌蛇做的。

　　有一年端午，大井巷里水井里的水都变成了黑色的。老人说这是因为水井与钱塘江相通，钱塘江里生活着两条乌蛇，它们一千年出来一次，出来就会在大井巷的水井里产卵。乌蛇嘴里吐出毒诞，所以把井水也染黑了。井水变黑，说明有毒。

张小泉听说乌蛇作祟，祸害百姓，就想到一探究竟，为民除害。于是，他拿起一条麻绳系在腰间，随后抄起大锤，就猛地扎到井里。下去后，他发现井底一处黑暗中有一团乌黑发亮的东西，竟是两条乌蛇。每条都如手臂粗，紧紧地缠绕在一起。

说时迟那时快，还没等两条大蛇反应过来，张小泉就拿起大锤朝蛇的七寸打去，将两条乌蛇砸得扁扁的。而后，他带着两条死乌蛇爬回了地面。再看井中的水，井水从黑色变回了清澈，恢复了原样。

这两条在钱塘江修炼千年的乌蛇早就练成了钢筋铁骨。它们骨骼坚硬，浑身如玄铁般漆黑，还盘绕在一起，头部也被砸在了一起。他灵机一动，拿着手中的大锤，又是一记，叮叮当当地向它们砸去。然后，他将蛇尾弯曲盘在一起，在两条蛇脖子相交的地方钉上一颗钉子。最后把蛇头弯过来做成了把手。蛇身则被他在磨刀石上磨得尖利。张小泉用这两条乌蛇造出了一把剪刀。

当时的杭州人原本还不会用剪刀裁衣，只会用刀子割断棉线和蚕丝。自从这位小伙子做了剪刀之后，本身就盛产丝绸的杭州，便人手一把剪刀作为家用。之后，一传十传百，这个消息传开了，张小泉所做的剪刀也出了名。

当然，这个故事只是传说，钱塘江中的乌蛇只是浙江特产的钨钢。这个故事表现了杭州百姓对张小泉做剪刀精湛技艺的赞叹。不过，作为茶余饭后的故事，茶肆和戏班还是把它当成奇文逸事了……

## 杭州造，世界都说好

一家人到了杭州后，靠着手艺吃饭的张思佳在杭州府的大井巷，开了一家街边小店。随着时间的推移，店铺慢慢有了起色。

张思佳想，自己做的每一样东西都是耗费了很多心血的。既然这样，那就要给自己的小铺子起一个响当当的名字。为了给店铺起名字，这些天，他每天都睡得很晚。一晚，他终于将店铺名字敲定——就叫"张大隆"，希望店铺能够一直兴隆。第二天，四更天刚过，张思佳就起来了，他准备即刻就去做牌匾。

吴山东北麓的大井巷，有家专做牌匾的铺子，老板姓岳。走了半晌，张思佳才终于走到了，他兴冲冲地问道："岳老板，早上可还清闲？"

"张老板今日怎么有空到我这来呢？"

"我要给小店安个招牌，请你帮我做一个生漆大匾额，上面刻'张大隆'这三个字吧！"

有了这块匾额后，似乎是借着"大隆"的吉言，张思佳铺子的生意越来越好。到了最后，张思佳只卖一样东西——剪刀。等到张小泉子承父业时候，张家的剪刀已经做得是全杭州第一了。可这个时候，很多卖铁器的同行都不服气，纷纷效仿张大隆，街上出现了与其相似的门店和牌匾。一气之下，张小泉将父亲用了多年的名号，改成了"张小泉"。

崇祯元年（1628），杭州第一的剪刀铺"张大隆"，摘下了它的牌匾，正式改名"张小泉"剪刀。朝代在更替，时代也在变迁，但是在杭州扎根的张小泉剪刀在杭州百姓心中也由一家徽州人开的剪刀铺子，逐渐转变为杭州人自己的剪刀铺子，以至有张小泉抓钱塘乌蛇的故事在杭州流传。

张小泉去世后，他的儿子张近高子承父业，继续着父亲的剪刀生意。这个时候的他已经隐隐约约有些维权意识了，为了保护父亲的招牌，他在"张小泉"名字下加上"近记"两字，以此作为正宗的标记。

乾隆年间，"张小泉近记"剪刀被列为贡品。

到了光绪年间（1875—1908），张小泉剪刀名震全国。名气大了，是非也多。杭州大井巷内商铺林立，可内悬"张小泉剪刀店"招牌的店就有十余家，甚至还有人在招牌前加上了"真正"二字。而此时真正的张小泉剪刀铺已然生意冷清。手艺传到了张永年手中，可他年纪尚幼，在学堂之中连经史子集还没分清楚，如何能解决如今的困境？

工人们在张小泉"非遗"生产区以手工方式锻制剪刀

这是在锻炉前展示的按张小泉"非遗"工序手工打制的剪刀

　　倒是他的母亲孙氏是能干的女人，她每日忧愁地站在店口，看着顾客进了冒名顶替的剪刀铺，心如刀割。

　　"难道祖宗的手艺就毁在我儿这一代了？"孙氏知道这样下去不是个办法，可一时间想不到如何解决。

　　清光绪十六年（1890），正月里的大井巷张灯结彩，初五一过，各家各户也陆续开门做生意。店主纷纷把自家铺子装饰一番，听说今年束允泰大人要在正月十五去城隍庙进香，必定路过大井巷。人人都想得到此人青睐。

　　说起来，他不过是钱塘县令，可是他出身名门，是皇封的七品正堂，又体恤民情，深受爱戴。加之写了一手好字，便人人争其墨宝。

　　孙氏听到这个消息，在心里想着或许知县大人能帮上忙。到了正月十五那天，从城隍庙出来的人群都拥到大井巷了，各家各户的生意都好得很。唯独张小泉剪刀店大门紧闭。

而此时，孙氏正在城隍庙前的大街上拦下一乘轿子，叩头不起。"你一个妇道人家，真是不易！"束允泰命人扶起孙氏，听她痛陈冒牌之苦后感叹，作为一方县令更是不能置之不理。他当天就派人将孙氏送回住处，并下令对大井巷的店铺加以严管。

假冒之事也断断续续治了半年，此消彼长，没有真正肃清过。束允泰便特地题写"永禁冒用"四字立石刻碑。从此再无人敢假冒。张小泉在全国就独此一家了。

到了1915年，美国以开凿巴拿马运河成功为由，邀请世界各国参加首届巴拿马太平洋万国博览会。

在这次美国旧金山举办的博览会中，中国也成为参展者，受到了世界关注。当时，政府选派的参展名单，都是选取的富有中国特色、独一无二的产品——裕生华带着自己公司的茶叶来到旧金山，茅台、西凤等众多中国特有的白酒……"张小泉"刚在南洋劝业会上崭露头角，所以张小泉的剪刀也在参选名单之列。

整个博览会不仅将世界会聚在一起，还组成了高级评审委员会。高级评审委员会由美国派人出任会长和副会长，分别由美国、澳大利亚、阿根廷、荷兰、日本、古巴、乌拉圭、中国代表出任秘书长。

此次博览会中，张小泉剪刀最终获得了乙级奖项的殊荣。

张小泉剪刀由一个从徽州逃来的铁匠铺子逐渐在杭州扎下了根，名扬杭州，最终走向世界。万历年间，带着全家从徽州来到杭州的张思佳肯定没有想到，三百年后，全世界的人都在惊叹张小泉精益求精的手艺，为张小泉用尽所有心力创造出的一把剪刀拍手叫好。

杭州与徽州相邻且比徽州富裕，吸引了众多徽商来杭。通过徽杭古道，徽商给杭州带来了毛豆腐、茶叶等特产，也将徽州手艺带到了杭州。徽商慢慢在杭州扎根，给杭州添上了徽州色彩。如今徽、杭在文化上相互交融，杭州人吃着徽州美食，杭州民居也带着徽派建筑的白墙黑瓦。表面上是人口的迁徙，而更多的是文化的联系。徽州商铺在杭州遍地开花，徽州商人在杭州建立了徽州会馆，徽州商人聚集的地方也被杭州人称为"徽州弄"。

## 参考文献：

1.〔清〕马步蟾：《道光徽州府志》，黄山书社，2013年。

2.〔明〕何东序、汪尚宁等：《嘉靖徽州府志》，书目文献出版社，1998年。

# 淮安与杭州：
## 两地产盐大户的市场争夺战

　　明清时期，个人被允许销售私盐。随着盐商群体的扩大，市场上出现了两淮盐业和两浙盐业。盐业的繁荣，使淮安和杭州一度位列江浙的经济重镇。同为盐业，两淮与两浙之间本就竞争不断，不料明朝山西的晋商也加入沿海的私盐市场，局面便一发不可收拾。

　　当时，仕途大于天的封建思想盛行一时，出身浙商的人因为商籍，科举多有不便。好在浙江来了个不惧权威的父母官叶永盛，他凭一己之力，成功地改变了浙商子弟的处境。

# 从军事重地到盐商聚集地

淮安是将长江、淮河、黄河三大流域联系起来的关键节点，其优越的地理位置不仅为经济发展提供了便利，也是军事上难能可贵的掌控中枢。淮安自古便是兵家必争之地，历朝历代的掌权者对此地也重视有加。

不仅如此，淮安还是京杭大运河的重要渡口之一。在运河长达两千多年的历史上，淮安始终是这条航道的漕运重镇。因为和其他城市往来便利，它也是东部地区重要的交通枢纽。

明清时，淮安的经济发展态势已经超过很多城市，在全国十八座大城市中位列第九。同属于全国十八座大城市之一的杭州，此时的经济发展态势仅次于明朝的南京和清朝的北京，位列第三。

淮安和杭州的友好关系也和经济密切相关，两地货运贸易从不间断便是最好的证明。事实上，淮安对杭州的意义远比我们想象的重大，这两座城市有着从南北朝时期就已开始的历史渊源。甚至可以说，淮安的存在保卫了杭州的百姓，使他们免受战乱之苦。

南朝宋泰始元年（465）的建康（今江苏南京），宫殿里一片死寂，大臣们俯首跪地，面前是散乱一地的奏折。

那撕破的纸页，提醒着众人，刚刚扔它们的人有多怒发冲冠。坐在龙椅上的宋明帝刘彧看着远处浓云密布的天，长叹一口气。

南船北马

　　刘宋现下的处境正是内忧外患。国内叛乱不断，而边境北魏军队又屡屡来犯。由于刚坐上皇位，刘彧选择优先解决国内的叛乱，他分批派遣了很多官员去镇压叛乱。不过如此一来，就没有多余兵力去守卫北方。军事力量的缩水使朝廷只能利用地主富商的财富，从民间征兵，凭此力量去尽力一拼。

　　好在朝廷派出的官员还算有所作为，将叛乱平定了下来。但好景不长，这日一上朝，就收到北方前线的战报，说"遂失淮北四州及豫州淮西地"。

　　由于"淮安当南北之中，江浙之腰"，一旦淮安有险，整个淮南都保不住。为了使都城建康安然无恙，淮安必须牢牢守住。

刘宋军队退到淮安一带，追击的北魏只存一半兵力，却妄图将刘宋军队一网打尽。江淮地形错综复杂，水路又多，不擅水性的北魏人叫苦不迭。

靠着淮安的有利地形，刘宋军队大败北魏，取得了胜利。这一战让世人认识到淮安的重要军事地位。后来，历代政权始终牢记"守江必守淮"的经验教训，力图将防御中心部署在淮河流域，以保南部太平。

淮安作为京杭大运河上的重要转运枢纽，始终和运河上最繁华的杭州保持密切往来。两地物产流通频繁，杭州的茶叶、丝绸、瓷器等物都通过淮安的交通之便销往各地。宋熙宁十年（1077），淮安和杭州的商税在全国名列前三，全都超过十万贯。杭州名列第一，年征收商税约十七万贯，淮安则是第三，约十一万贯[1]。

杭州和淮安不仅有一起富贵的情谊，而且还有共同御敌的经历。一百多年后，杭州在对蒙古军队一战中，就再一次倚靠淮安的优势，保全城池安危，使城中百姓免受战乱侵袭。

宋淳祐四年（1244），南宋实力大不如前。蒙古军队南下，眼看着就要突破淮河，直逼建康，宋理宗赵昀无奈之下只能命人在寿春（今安徽寿县）筑城，以备不日之需。

不过筑城才刚开始，蒙古军队就闻讯出兵企图破坏。虽然宋军奋力抵抗，但最终还是被蒙古军队兵临城下。

听到这件事，赵昀心中一慌，实在是寿春一破，都城临安便失去外护屏障，过于危险。情急之下，赵昀只

①池田静夫：《支那水利地理史研究·运河之都杭州》，日本生活社，昭和十五年（1940），第95页。

得连夜召集大臣商量对策。经过商讨，最后决定派将军吕文德率领援军突破重围，前往寿春城支援。

吕文德一到寿春地界，就趁敌人不注意，将石头绑在元军船底，又另派一队人马突袭敌营。如此一来，使对方元气大伤，逃回北方。临安因此安然无虞。

而后南宋苟延残喘，却也逃不过国破。蒙古人定都北京，改称"元大都"。

杭州虽然不再是都城，但杭州依然是全国重要的货物转运中心。淮安地处大运河与淮水的交汇处，南接长江，东近大海，为"江淮之要津，漕渠之喉吻"。也正是因为淮安的重要地理位置，当地漕运发展迅速，成为不输于杭州的转运中心。漕运用船量大，基于这点，明永乐初年，明成祖朱棣开始将目光聚集在造船业。

当时，造船业只在沿海地区兴盛，但要供应全国的船只需求难免压力过大。好在淮安作为运河沿线上的重要交通枢纽，运输方便。若是在此建设船厂，也许可解燃眉之急。因此，朱棣命人在淮安的清江浦设置了清江、卫河两厂，专门负责修造漕船。后来，淮安造船业的日益壮大给漕运的兴旺提供了条件，实现了南粮北运。这一时期，漕运的发展空前繁荣。

到了明清时，淮安的地位更是举足轻重，对整个江淮地区都贡献良多。

杭州是经济大府，朝廷多在江南征收粮饷。而这些粮饷全都要先通过运河集中送到位于淮安的常盈仓，再由专门的押解官员转运北上，充进国库。淮安和杭州因为运河再次联结在一起。

淮安因地理位置而受到当权者的关注，它的经济文化也因此得到了多方面、全方位的发展。随着时间的流逝，无论对于江浙地区还是运河的发展，淮安都起到了至关重要的作用，"漕渠之喉吻"的名号果然实至名归。

# 淮浙盐商不简单

明清时期，以淮安和杭州为主的两淮盐场和两浙盐场成为全国重要产盐区，两地每年光是上缴当地的商课和盐税，就已构成当地大部分收入来源。这些收入并非全部都充入国库，其中一部分就用于修缮运河、维护河塘。

如果说杭州自古繁华，那淮安便是一直紧追，想要与之并驾齐驱。随着淮安地位愈发提高，明代设有漕运总督，清代又设置漕运总督与河道总督。而杭州凭借其强大的物产输出能力和京杭大运河的终端位置，一直都是区域政治、经济和文化中心。

淮安和杭州倚靠运河的繁荣，继续彼此之间的联系。淮安成为两淮地区运盐批验所后，吸引了大批贩盐的商

总督漕运部院

人在此地定居。时间一长，经商的人越聚越多，甚至还根据所在地区形成了团体，连带着淮安的经济发展迅猛，大街小巷热闹繁华，各种产业也如雨后春笋般兴起。

淮、杭两地贸易往来不断，特别是两淮和两浙盐业的发展壮大使它们的关系更上一层楼。多地百姓的用盐都来自这两个地方，因此两淮和两浙算得上通力合作，共同盈利。不过同处一行业，交往中难免存在竞争。尤其是活跃在两地的浙商和晋商，与后来的徽商多有冲突。

明万历元年（1573），淮安一如往日，路上行人熙熙攘攘，街道上车水马龙，各种叫卖声不断。一派祥和景象的背后却是晋商和浙商的矛盾重重。晋商是指来自山西的商人群体，而浙商则是以杭州为中心的江浙一带的商人群体。他们都看中了淮安这个利润巨大的盐业中心，想要多争一块属于自己的蛋糕。

不怪晋商和浙商相争，着实是两淮盐业的利润丰盈可观。明代的各盐运衙门中，属两淮盐课数最多，故而有言"两淮盐课，足当天下之半"[1]。但这时晋商和浙商并非势力相当，晋商因为历史原因势力大过浙商。

明朝初期，当时边关战乱不断，为了保护首都，军队便驻守在山西一带。为了减轻国库压力，朝廷想要从商人腰包里掏钱来保障军队的巨额花销。于是便针对商人出台了一项政策，叫作"开中法"，是指朝廷出让一部分对食盐的专项管控权利。

而晋商就凭借地理优势，成为此政策的第一践行人。具体为三个步骤：首先晋商要照官府的规定，为边关将士送粮食，并将粮食运到指定的粮仓，以此和政府换取盐引；获得盐引后，就可以去规定地方机构换取食盐；

①《明熹宗实录》卷三十六，天启三年十一月。

古代盐业

最后晋商就可以将自己购买粮食所获得的盐运到朝廷划定的地区销售。

慢慢地，晋商一家独大，朝廷认为长此以往必定会造成混乱。于是，户部尚书叶淇[1]就上疏将开中法改为"折色法"——商人只要在当地管理盐的机构交纳一定金额的银两，就可以领取盐引从事食盐自由买卖。又因为盐的转运主要以商运为主，规模、速度都有一定要求，所以晋商便来到淮安做起了生意。随着淮安的经济崛起，这里的浙商也多了起来。

浙商瓜分了晋商的很多市场，这样一来，晋商的垄断地位便朝不保夕。但晋商毕竟是行业前辈，优势依然存在，在其他诸多方面都压制浙商，使浙商难以有市场份额的突破。浙商心中多有怨言，一心想要找到扳回局面反压晋商的方法。

①叶淇：字本清，淮安府山阳县板闸人，明朝户部尚书。

晋商和浙商在两淮地区竞争激烈，同时，杭州的盐业也日益繁荣，逐渐形成规模。以徽州人为主的徽商开始在杭州地区大范围活动，所以除了淮安的徽商，杭州开始出现大批以盐发家的徽州商人。

徽商和浙商一样，广泛分布在淮安和杭州等地。杭州为了和淮安争抢徽商，还特意修建了徽杭古道。这样做不但可以增加徽商除淮安之外的其他选择，而且也便于徽商来杭做生意。徽商、浙商等商人往来于淮安和杭州，又通过两地前往全国其他城市。

后来，很多来自其他地方的商人在杭州或者淮安两地发家致富，杭州也成为盐业的另一重要城市。鲍曾尚便是此时靠经营盐业发展起来的商人。

作为徽商的他，自幼由祖母和母亲抚养成人，吃苦耐劳的优秀品质在他身上得到了很好的体现。后来，他受舅舅资助，再通过自己的努力，创业发家。清道光年间（1821—1850），鲍氏一族更是兴盛尤甚。

这时候在杭的徽州盐商受到当时重视科举风气的影响，在发展经济的基础上又转而开始重视教育，向为官之路转变。他们家底殷实，资产雄厚，所以他们普遍在自身仕途和培养子弟方面不惜花费巨额资产。

鲍氏家族极其注重教育，甚至在这方面的努力和经商一样，不断谋求各种形式的发展。他们家在教育后代时还曾有言："富而教不可缓也！徒积资财何益乎？"[1]这句话也一直被后人所沿用。

随着时间的变化，淮安的晋商和浙商势力逐渐趋于稳定，两方的争论也明显减少。慢慢地，除了晋商、浙商和徽商之外，淮安和杭州以各自的魅力吸引了众多其他派系的广大商人，两地的经济实力也在与日俱增。

[1] 鲍诚猷：《歙新馆著存堂鲍氏宗谱》卷二《家传·节母江太宜人传》，清光绪元年木活字本。

淮安和杭州作为江南地区两个重要的盐业大城，掌握着整个国家的盐业命运，也牢牢地支撑着国家的经济命脉。不仅如此，它们的发展也和百姓的幸福紧密相连。

# 盐商本一家，哪来为难一说

古代重农轻商的传统持续许久，直到明朝时才有所好转。商人终于可以摆脱不能入仕的规定，能够参加科举考试。但规矩森严，并不是所有商人都能顺利参加。尤其是对于在外谋生的商人来说，考试就意味着路途遥远，舟车劳顿。

这是因为当时朝廷有规定，"山陕新安诸商有子弟者，以外籍不得入试"①。也就是说这些地方的士人想要考试便必须得回到原籍。这对于已经在外打拼多年的外籍商人来说确有不便。就拿在淮安和杭州做生意的徽商举例，他们应试科举就得返回徽州地区（今安徽省南部）。

明万历二十六年（1598），杭州的盐市热闹非凡，商贩的叫卖声不绝于耳。

正值桂秋八月，天气凉爽，刚刚摆脱盛夏燥热的商人变得精神抖擞，活力四射。

朝廷官员叶永盛②此次奉命巡查南浙盐务，来到杭州。他初入浙江境地，看到的就是这样的景象，便忍不住和陪同官员说道："怪不得这两年江浙的生意越做越好，大家的精气神都很高涨！"

杭州气候湿润，人杰地灵，是个非常适合居住的城市。但在杭州停留的时间里，叶永盛接到了很多徽商转商籍的申请。

为了解更多情况，叶永盛带着几个当地官员走访询

①《浙江通志》卷二十六《叶永盛传》，上海古籍出版社，1991年。
②叶永盛：字子沐，泾县人，生卒年均不详。

问。众人围坐在一年迈老伯的家里，这老伯年轻时也曾是在外漂泊的徽商，因此讲起来头头是道。

原来徽商起初都生活在徽州地区，而徽州地处群山之间，地狭人稠，而且农用地更是少得可怜，这导致每年所产粮食根本不能满足众多百姓的需求。为了生存，徽州人不得不外出寻找自救法子，他们将目光放到了当时异常兴盛的两淮地区（淮南、淮北合称，今苏皖两省，也说淮东、淮西的合称，今苏皖两省江淮之间的地方）。

"听返乡的人说，他们走过很多地方，最后在淮安挣着了钱。所以越来越多的徽州人选择前往淮安谋生，加上这些人自幼就靠倒卖山林特产挣钱，经商是他们再自然不过的选择，根深蒂固的生意经，又靠着发家同乡们的帮助，也都混得不错。"

听到提起两淮，一直和盐业打交道的叶永盛可是太有发言权了。因为是自己熟悉的领域，便多了几分底气，

两淮盐运使司

他坐直身子，又清了清嗓子，这才开口说道："早在秦朝时候，两淮沿海的百姓就已经开始靠生产海盐为生。唐朝经济繁荣，使得生产盐的技术得到了改进，产量也跟着大大增加，以至于安史之乱以后，坊间传言'盐铁重务，根本在于江淮'。如果说宋朝战乱一度使盐业经营跌入谷底，那元朝盐业就得到了恢复，并有了新的发展。到如今，两淮更是在原来的基础上，占有举足轻重的地位。洪武年间，两淮地区的盐销售额能占到全国的三分之一呢！"

叶永盛没说，正是两淮地区盐业的销售金额巨大，导致其中鱼目混珠，私盐买卖猖獗，皇上才命他深入腹地，探明情况。

这一番话说完，陪同的官员无不崇拜地瞅着叶永盛。但是一旁的老人却大笑几声，说道："你只知道明初两淮盐业发达，可是为什么会这样呢？"

见叶永盛闭口不答，老人便接着说："你这是只知其一不知其二，洪武年间两淮盐业之所以发展飞快，是因为太祖效仿汉高祖刘邦的做法，迫使苏州、杭州、松江、嘉兴、湖州等地的百姓都迁徙到淮、扬二郡，说什么徙天下富豪于关中，人数得有数万。这些被迫迁徙的百姓，有家不能回，只能在那定居，其中富商居多，慢慢地也就带动了两淮盐业的发展。"这就是"洪武赶散"①。

连带叶永盛在内的官员听后都大呼："原来如此，今日真是受教了！"

①冯仁宏：《新安镇源流》,《康熙休宁县志》,1693年。

话说回来，既然两淮地区在明代的盐业发展中有如此不可或缺的地位，而且所辖地域又众多，为什么徽商单单聚集在淮安？其实是因为明朝时期盐的转运还是以商运为主。若想要买卖盐就必须拿着官方出具的盐引，并且还要经过所属官员的认证，严格称重后才能外运出去。不只是淮安，后来杭州也成了徽商的聚集地。

各地都有固定负责转运盐的地方机构，而两淮地区的负责点就是淮安批验所，两浙地区便是杭州盐运司。淮安和杭州对于盐业的重要地位就可见一斑了。加上运河的通航运输，淮安、杭州也成了至关重要的中转枢纽，除了两地贸易交往频繁，周边沿海外销运盐，也必须经过这两个地方转运他地。这样一来，徽商便多集聚于淮安、杭州。

不过徽州地区的人们好不容易安居乐业，"弃儒从商"的徽州士子还要受户籍问题的诸多困扰。

叶永盛回府之后，沉思许久。当时内阁专权，大臣结党营私，官府横征暴敛，在当地更是如此。如今叶永盛想要实行便民之策，恐怕会引起他们的注意。他越想越苦恼，要怎么做才能既帮助盐商解决问题，又可以避免正面得罪背后官官勾结的势力？

他想：直接上疏肯定是行不通，所有呈上去的奏折都会先经过众大臣的筛选，才能到皇上手里，这样一来，贪官一党若是看见，必定不会放过自己。

最后，他想到贪官一党虽然势力庞大，但都是一群没有文化的宦官，便心生一计。他将自己的所见所闻，以精练的语言写成了藏头文，抱着试试看的态度递了上去，希望皇上可以明白自己的良苦用心，体恤考生长途跋涉的辛苦。

最终在明万历二十八年（1600），朝廷终于在浙江设置商籍，这一举动为广大商人铺就了仕途之路。叶永盛没有想到皇上竟然看懂了自己的诉求，心中感动不已。

只是好景不长，不知是谁走漏了风声，还是有贪官知道了此事。

一天下午，天气晴朗，万里无云。叶永盛刚刚从一家商会里走出来，突然一帮官兵打扮的壮汉拦住了他的去路，等他反应过来时，已经被人按倒在地。

在狱中，叶永盛从狱卒那里知道，是有人向皇上举报了自己，说他之所以尽心尽力地为徽商说好话，是因为他收取了徽商的贿赂。知法犯法，罪加一等，这才有了官府抓人这一幕。

好在苍天有眼，叶永盛的同僚仗义执言，拿着徽商的万人签字画押的承诺书，把他救了出来。

出狱后的叶永盛，反而更加尽心尽力地为百姓做事。除了为商人解决问题，他干脆一不做，二不休，从一富商家里借来闲置的房子，就地为盐商子弟办起了讲堂。后来考虑到这些孩子家住得比较远，又相对分散，便索性就在湖上的小船上讲课，后人将此情景称为"崇文舫课"。

身为朝廷命官，叶永盛为百姓做了不少实事。他站在商人的立场上，切实维护了商人们的利益，不仅促进了两淮地区的经济发展，也在一定程度上改变了当时"轻商"的传统思想。

叶永盛还帮助盐商解决了商籍的问题，使他们参加科举更加方便。随着这些商人们对教育的重视，盐商中也出现了很多弃商从政的后代。不光是杭州的盐商这样，淮安的诸多盐商亦是如此。可以说，淮安和杭州在经济同步繁荣向前之后，又在教育方面趋于一致。

## 参考文献

1.〔南朝梁〕沈约：《宋书》，中华书局，2018 年。

2.〔唐〕杜牧：《樊川文集》，上海古籍出版社，1978 年。

3.〔明〕宋濂：《元史》，中华书局，2016 年。

4.〔明〕史起蛰、张矩：《两淮盐法志》，广陵书社，2015 年。

5.〔清〕张廷玉：《明史》，中华书局，2015 年。

6.黄仁宇：《明代的漕运》，新星出版社，2005 年。

7.席书等：《漕船志》，方志出版社，2006 年。

第二章

钱塘风雅

# 洛阳与杭州：
## 南北相连靠文人风骨与雅兴

　　两宋是经济、文化重心南移的关键时期，在这段时间中洛阳和杭州是两个代表性的城市。武周时期，洛阳贵为神都，聚集了一大批文人，因此形成了重要的文人圈。到了南宋时期，杭州变为了临安府，原本聚集在北方的文人来到了杭州。他们带来了北方文人的审美和文化。两地诗风融合后诞生了新风格，杨万里便是代表人物，并和其他三位诗人并称"中兴四诗人"，引领南宋诗坛。

　　实际上两个城市的文人交往早已有之，中唐之后，两地文人已有互动。白居易想要将杭州美景搬到洛阳，特意建造了"故里园"，一度影响了当时的造园风格。

# 北边有自雨亭，南边有西湖景

## 把杭州搬到洛阳来

修建园林是古代文人都中意的事情，它像是每一个文人的精神家园。虽然岁寒三友一直是园中美景，代表着文人的风清骨峻，但在不同的时代、不同的地域，文人对园林的审美不同，造山理水的技艺也在不断精进。

古代造园的巅峰正是唐宋时期。此时，木构架建筑技艺已经登峰造极。南北建筑形成了独有风格，园林也有着较大差异，从建制技艺到审美理念都有不同。但总有一些北方人看腻了神都洛阳、京都长安（今陕西西安）的繁华，更喜欢江南小桥流水、清水芙蓉之美。此人就是白居易。

最爱湖东行不足，绿杨阴里白沙堤。

即使离开杭州这么久，白居易还是对西湖美景念念不忘。如今他在洛阳履道坊的"故里园"中，修建的池景也快完工了。这座园子将成为白居易晚年生活的归宿，陪伴他十八年，也是他对江南风光的思念。那是他整日思念的"日出江花红胜火，春来江水绿如蓝"的美景。

洛阳的河流没有江南的温润，虽然如今它已经不是神都洛阳，但是众多皇亲贵胄依旧居住此地。他们华贵的住宅让洛阳的园林带着奢华之感。这也不难理解，毕竟洛阳的园林派系和杭州不同，洛阳造园之法可追到魏晋"金谷园"，其造景奢华便可见一斑。

风俗便如此又怎样，白居易不喜欢。

唐太和四年（830），李德裕踏进故里园。白居易给他赏玩了自己从杭州带回来的石头。李德裕没去过杭州，也不知道南方有这样的奇石。他眼前一亮的同时，也被白居易这移步换景的园子吸引，一番观赏过后，心里对园子和诗情画意的羁绊深以为然。唐玄宗时期，贵胄圈中流行修建自雨亭，它之所以叫这个名字，是它能依靠风车取水，又从亭顶部流出，顺着亭檐落下，形成水帘用于乘凉，人在亭中就仿佛身在雨中。

可是这种亭子花费不小，能修得起的都是皇亲国戚。

白居易把李德裕送出去后，心满意足地坐在池塘边。他才不喜欢什么自雨亭，他喜欢这样的风景，一切都是那么自然，不像那些精雕细琢的园林都是匠气。他不禁笑起来，其实这造园子和写诗是一样的，选什么景物，用什么意向，就能看出这个人的审美。他想要的就那种清水出芙蓉的美，倒让他的园子多了份禅意。

这审美也是在他任职杭州时形成的。

当时杭州主流园林都是道观庙宇，即使有人修建私家庭院也是围绕西湖。加之从隋开始官府就在不断整治西湖，兴修水利，大量植树造林，将西湖装点得有了文人气。这就和北方处在皇帝脚下的园林大不相同。

这种气质是北方园林学不来的。它们好像是一个个贬官赋闲士大夫的精神寄托，带着诗情画意，还有杭州山水的温柔秀美。白居易在小池塘边踱步，他想念杭州了。说不上来具体想杭州的什么东西，但就是很想念在那里的生活。

白堤

正当他出神时，敲门声打断了他的思路。

来的人是刘禹锡，前几天白居易就邀请他来看看自己的园子，弄了些好玩的东西。两人一见便热泪盈眶，他们曾在中年失意的时候相互勉励，如今到了晚年，还能相见便是幸事。白居易对刘禹锡说："你当年到过苏州、扬州，也算见过江南景色，你觉得我这园子和江南比如何？"

刘禹锡没去过杭州，但是当年他读过白居易在杭州写的《冷泉亭记》，便打趣白居易："乐天在杭州没修成亭子，如今在洛阳把心愿了了。"白居易带他游园，给他讲自己买下履道坊宅邸的故事，当时他手头不宽裕，还给了卖家两匹马。因为白居易相中了这园子自带的竹木池馆，他觉得有了水才会有江南水乡的味道。

后来他又加以营造，在池中布置了紫菱、白莲，这样一来，无论什么季节都像是在杭州西湖边了。刘禹锡故意问他："乐天这样布置，是何用意？"白居易请他到小池边一坐，说道："在千里江山中，我最爱杭州；在杭州中，我最爱西湖。"在杭州任上，白居易有大半的时间在西湖，治理水患在那里，游乐赏玩也在那里。

白居易转向刘禹锡："你说得对！当年在杭州没修成亭子，我要在洛阳修。我要把杭州搬到洛阳来。"当年在杭州，白居易常去西湖灵隐寺游玩，那里风景秀美，能远观西湖，又能享受山林风光，每次来他都想在那里修个亭子，可是在白居易到杭州前，那山上已经有五座亭子，平分了山间风光。

相里造建了虚白亭，韩皋建了候仙亭，裴棠棣建了观风亭，卢元辅建了见山亭，还有元藇建了冷泉亭。白居易依然记得五座亭遥遥相望，就像五根手指那样排列，它们已经和山间佳景完美结合。后来的人再有机敏巧妙的想法，也无法再增添什么了。

白居易带着刘禹锡来到自己的亭子前。他这亭子看着轻盈小巧，没有墙体和小窗，歇山顶温柔秀气。南北框门设有格花，上面的花卉全是寒梅。刘禹锡一看，心中不禁发问：这亭子能否抵挡住洛阳冬季的雪？他对白居易说："我还以为你要将冷泉亭搬到你家来呢！"

白居易看了他一眼，说："谁不知道这冷泉亭的造法和自雨亭一样，我不喜欢这样的亭子。"

白居易觉得洛阳人将自家园子的修建变成了攀比，就好像亭子是身份一样。实际上，隋唐以前，庄园和园林就是身份和地位的象征，不过到了唐朝，亭子更重审美了。建亭子的除了有钱人，还多了诗人罢了。

"我还有个好东西没给你看……"说着，白居易就拉着刘禹锡绕过亭子，来到一块奇石前。这石头晶莹清润，嵌空剔透，而且形状奇异，棱角分明。刘禹锡不认识这是何物，白居易告诉他这是杭州天竺山的天竺石。刘禹锡大惊，原来杭州有这样的奇石，难怪这个城市让白居易魂牵梦萦，要在自己家里打造一个小杭州了。

自此之后，白居易常常将奇石搬到园中赏玩，慢慢变成洛阳城里的一种风尚。他还曾将在洞庭湖发现的奇石运到府衙中赏玩。江南地区近水楼台，早就有了赏玩奇石的习惯，如今这习惯也随着白居易到了洛阳。

白居易建园的方式多取杭州大景而化为园中小景。他不断拓宽池面，在中央修建了小阁楼，冬暖夏凉。之后他又引了伊河的水，将园子建成了池东有粮仓、池北有书库、池西有琴亭的文人私宅。

园的西边与伊渠相接，渠水从园中流过，从南边流出，被称为"西溪""南滩"。即使是这些细小的景观，也在模仿杭州风景。白居易专门用白石砌成了小滩，让南边的水像江水一样泛起浪花，奔涌之势好似钱江上游。

为此，白居易写下一首《新小滩》：

> 石浅沙平流水寒，水边斜插一渔竿。
> 江南客见生乡思，道似严陵七里滩。

他终于将自己最爱的江南风光搬到了洛阳。

## 不取其景，取意境

唐宋以来，洛阳都处在主流政治圈中，而杭州则从偏远小县蜕变为繁华城市。城市的成长历程决定了它的景观风格，也潜移默化地影响了当地人的审美。洛阳多能工巧匠，园林重雕琢；杭州园林重山水变换，重自然。而唐时的文人羁旅，也使这两地造园技艺有了融合的机会。

自雨亭就是最好的例子。到了杭州，变成了灵隐寺边的冷泉亭。两个亭子都在夏季作避暑、纳凉之用。可冷泉亭的奇观靠的是杭州的天气。每逢灵隐寺遇到大雨滂沱，溪水便会暴涨，须开闸放水，冷泉亭就建在其上。杨万里作诗描述放闸之景："放闸冷泉亭，抽动一天碧。平地跳雪山，晴空下霹雳。"冷泉亭成为杭州园林中一抹重要的色彩。

洛阳的园林没有这么多自然的灵动，反而在鸟语花香中带着些中规中矩的端庄，整个园子常需要中轴线，需要对称的园林安排。虽然在唐代，洛阳的文人团体开始在叠山和理水的技巧上参考南方园林，尤其是苏杭的造园技巧，但洛阳毕竟是北方的代表城市，园林中的水景做不到杭州园林的自然清新，只能做成流觞曲水，表达主人的理想情趣。

这就让很多喜爱江南风景的人退而求其次，不取江南景，但求江南境。

司马光就是其中一个。

他二十岁就到了杭州，父亲在杭州，一家人还曾一起游山玩水。杭州的风光一步一景，处处有水，因为有水而显得十分灵动。名人的宅子大多修在西湖旁，以西湖为景，打造出秀石环绕的湖光山色。园中各景也由西湖水联系起来，或是修成流觞曲水，或是做成小桥流水，飞湍溪流。当时杭州有一著名的园子叫"真珠园"，因主人建造了一眼飞瀑泉，流水如同珍珠般洒出而得名。

司马光没有去过这个园子，但是在杭州的这段时间，让他坚信世间的美景，唯有杭州是第一。在山林掩映中垂钓砍樵，在碧波荡漾上驰舟赏景，在南屏晚钟时品茶论道……杭州囊括了从古到今一切隐士的生活方式。而这样的美在于意境，在于身临其境。

那种意气风发的自由和湖光山色的美景在二十岁的司马光心中埋下了种子。之后他经历了四十年的宦海沉浮，晚年又遇上了新旧党争。在官场待得越久，他就越想隐居山林。为了清净，他修著《资治通鉴》，却没想到名声反而越来越大。

宋熙宁八年（1075），洛阳的独乐园修建完成。

整个园子以水池为中心，南北纵向布置，北边还建了个水池。司马光建这个园子就是为了图个清静，没想着那么多规矩和样式，不过是把心中清净建出来了。司马光修建时想的就是当年游览的西湖。看园中的池中岛，在春光掩映中树影交错，就像是孤山和西湖呼应。他不禁感叹，虽然自己和苏轼政见不合，但他写诗的才华确实了得。他那句"淡妆浓抹总相宜"当真是说出了西湖的美。这"意态由来画不成"的美景，却被司马光搬到了自己的园子里。

园中设了七景：弄水轩、读书堂、钓鱼庵、采药圃、种竹斋、见山台、浇花亭。司马光没办法造出珍珠泉那样的水景，但是用静水流深表达自己清者自清，不愿与世俗同流合污还是能够做到的。

〔明〕仇英《独乐园》（局部）

到了春日，司马光的独乐园更是漂亮，北池中的岛上树木抽芽，环列周围的花草苗圃含苞待放，整个春日在他的园子中蓄势待发。

一个暮春的早晨，有人来拜访司马光，来人是鲜于侁、范纯仁和范纯礼。二范是范仲淹的次子和三子，他们四人性情率真，一直关系要好。到了老年，能有这样的知心好友陪在身边，真是幸事。

他带着客人参观园子，介绍园林、池塘、苗圃、假山，最后把他们带到池塘南边，这里能看到整个园林的全貌。司马光告诉他们，这园子叫"独乐园"。范纯礼便笑他："你是想一人独享这绝美景致吗？"

司马光笑笑，心想就算他搬到深山，周围也会聚集一群趋炎附势的人。取名"独乐园"不过是希望自己在剩下的日子里做只鹪鹩，求一枝而满足。范纯仁看出了司马光的心思和苦楚，给弟弟使了一个颜色，说："你倒是好兴致，难不成偷偷去了苏州，学了造林技艺！你这假山流水分明是江南湖光山色……"

范纯仁有这样好的眼力，是因为自小在苏州长大，他父亲也曾被贬杭州，所以他记得父亲对杭州西湖的描绘："春波千顷绿如铺。"这不仅是春意盎然绿堪染的美景，更是脱下朝服官帽的闲适。儿时的范纯仁不知道什么是布衣卿相，但是他知道父亲喜欢江南的山水。直到后来他做了官，他才理解为何父亲那样喜欢苏杭。

其实江南的山水美景不是万里挑一，天下独绝，每一处小景都能复制，可是其中意境却难学。世人喜爱西湖，喜爱杭州，无非是喜爱这江南意境罢了。

孤山行宫旧址

　　而司马光的园子就巧在将西湖的意境搬到洛阳来了。范纯仁是真的懂了这园子，司马光留他们住了下来，这一晚他独坐南园，看着池中圆月想到白居易曾说西湖的月色是："松排山面千重翠，月点波心一颗珠。"

　　他只觉得自己这园子的月色是："只疑玉壶冰，未应比明洁。"从来美景难得的不是这景，而是深藏其中的意境。

　　在靖康之变后，宋室南迁，杭州成为都城，南北造园技术便产生了大规模的交融。洛阳园林的雍容华贵，和杭州园林的灵动精致相结合，产生了流传多年的名园。其中韩侂胄的南园就是典型。陆游还称其为"自绍兴以来，王公将相之园林相望，莫能及南园之仿佛者"。因其从地理选址上，既有中轴铺陈的恢弘，也有"因高就下，通塞去蔽"的灵动。楼宇观阁更是华美，并借助广阔的湖山风景，以一个园窥大景，创造出了一个唐宋时期南北园林的典范。

# 洛阳来的诗人，开启杭州新诗风

　　杭州，在南宋时期成为都城、成为政治中心的同时，也成了文化和审美的中心，是南宋第一代文人的聚集地。这一批文人来自北方，带着政治中心的批判性，带着文坛中心的话语权，给杭州诗风来了个大反转。从严肃激烈的批判和吟咏性情的舒缓中，他找到了折中的出路，成就了杭州新诗风。

　　此人正是杨万里，这一年他五十八岁。

　　宋淳熙十一年（1184）十月，杨万里回到了临安。这些年他经历了党争、排挤、亲人过世。这些事情都是在他离开临安之后相继发生的。离开前，他是个坚定的主战派，用最激烈的言辞劝勉当朝者，用最犀利的笔调记录着时代。此时不仅是他这样，那些受到江西派和古文运动影响的文人都这样。江西诗派算得上是南宋第一诗派，它对这个时代文人的影响可想而知，尤其是对杭州文人的影响。

　　北宋末年，欧阳修的古文运动在洛阳如火如荼地进行时，杭州文人却在西湖边吟咏山水，诗文中皆是杭州美景，还有宴饮酬答之乐。北宋末年，离政治中心很近的洛阳已经感受到朝政危在旦夕，开始想办法拯救即将陷入水深火热的王朝。文人想到的办法是写文章，掀起一场古文运动，而背后是臧否政治，匡扶宗室的初衷。此时，洛阳文人团体就形成了与杭州截然不同的诗风。这就是北宋末年形成的"江西诗派"，他们化用经典，堆砌典故，创作初衷虽好，但是风格难学。

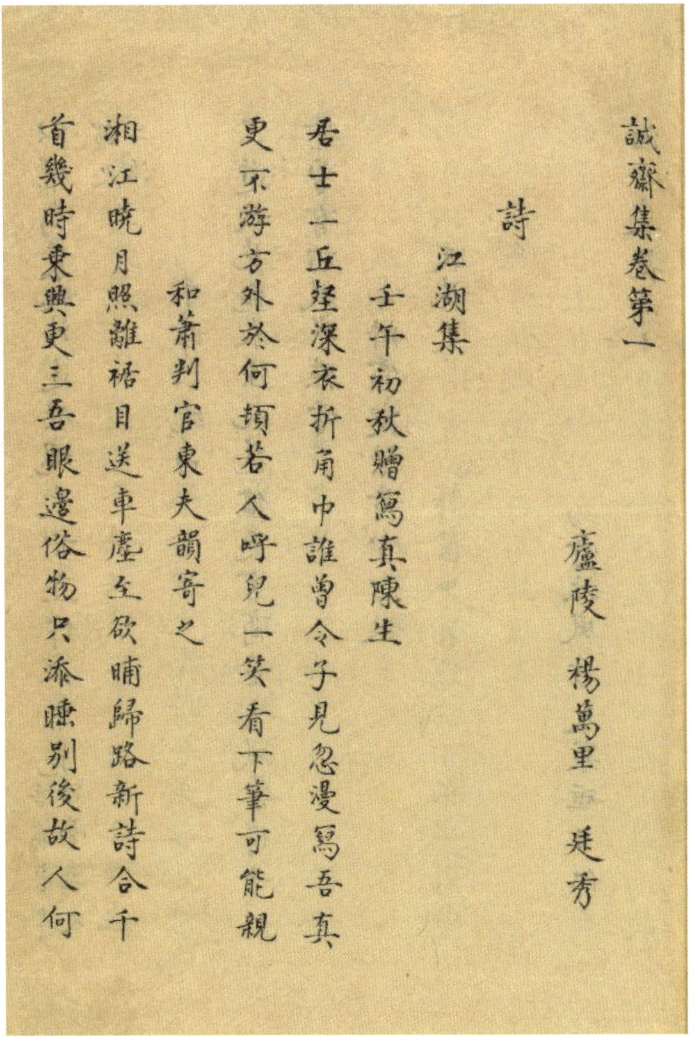

誠齋集卷第一

盧陵 楊萬里 廷秀

詩

江湖集

壬午初秋贈寫真陳生

君士一丘壑深衣折角巾誰曾令子見忽漫寫吾真
更不游方外於何頹若人呼兒一笑看下筆可能親

和蕭判官東夫韻寄之

湘江曉月照離裾目送車塵至砍晡歸路新詩合千
首幾時更興更三吾眼邊俗物只添睡別後故人何

杨万里《诚斋集》书影

　　杨万里还记得自己小时候，总听到书斋先生说"以文为诗"，要让诗人也要去指斥时政。年少的他跟随着父亲四处奔波，也借此机会受到时代主旋律的影响。年轻时期，他师法杜甫，写尽天下大悲大喜，写尽苍生百姓。杨万里总觉得这卖力的口号中有些不自然的东西。二十多岁中举之后，他几次来到临安，结交了众多好友，此时他发现人生不是为了一个"爱国"活着的。

就在今年，他五十八岁，想通了。

文风诗风就是人，就是生活，就是个性。

十月末，再次回到临安的杨万里，当即被好友接到家中，整夜都在觥筹交错中度过。林子方拍了拍他的肩膀，摇摇晃晃站起来，酒都洒出来了："杨兄离开官场，写诗的本事精进了不少，可是……"

杨万里知道他要说什么，无非是说没有化用典故，没有经世致用之句。杨万里摆摆手："子方，你怎么老是端着！这写诗要爱国情怀，要训诫世人，也得兼顾己身。"

尤袤点点头，虽然他和杨万里才认识不久，却觉得两人是老友重逢。他拿着杨万里自己整理的诗集，念着："泉眼无声惜细流，树阴照水爱晴柔。"

他甚至觉得杨万里有种苏轼的味道，随性舒适，没有学斋气。杨万里说："当年江西诗派当道，人人都去学用典，结果食古不化。而推崇它的陈与义正是洛阳八俊之首，他不喜欢南方人诗歌里的草长莺飞，加上金人犯国，大宋需要一群文人壮壮胆气，但是……"

但国家和政局不是光靠文人喊口号就能挽救的，况且如今朝廷下令北伐，文人也应该想想文章和诗歌的出路了。杨万里说："我今年已近花甲，经历了好多事情，只觉得先贤的师法古人，用典读典是好的，但是也不能句句都用典。见诗如见人，诗风应该让人轻松些。"

这一晚，三人推杯换盏，在醉意中讨论着南宋诗歌和文章的未来。

杨万里带着蒙眬的睡眼和尤袤走在临安的街上。走累了，他们就坐下来，看着来往的行人。杨万里就像个小孩，他一边笑一边对尤袤说："你看，那个人一定是个北方人，那个是南方人。"

尤袤不解：这如何能看出来？

杨万里笑道："你不知道一方水土养一方人吗？临安府的人没经历过战乱，心里没有那么多胆战心惊，对未来还有希望。"

尤袤更加疑惑，这些能从一个人的脸上看出来？

杨万里看他云里雾里，便悄悄说："我教你是如何分辨的。你看正走来的此人，他身高七尺，膀大腰圆，能是江南人吗？"

尤袤这才反应过来，杨万里不过是与他说笑。但是刚刚的话确实很有道理，一方水土养一方人，也养一方文学。

当年洛阳文人感受到朝政的危机和金人的骚扰，渴望用诗歌改变时代，故而文风中带着硬朗和对朝政的臧否。可是杭州文人没有这样的经历，诗歌是他们寄情山水的产物，也是学斋求理的产物。当年由洛阳而来的江西诗派确实给时代打了一剂强心针，但也让杭州文人摒弃了自己特有的风格，甚至还出现了食古不化、文辞佶屈诸多不良反应。

而杨万里以自己风趣幽默的性格入诗，在江西诗派"点铁成金"的方法上创造出了"活法"，让原本水土不服的洛阳诗风更杭州化，从而引来众多文人追捧。自此之后，杨万里的诗歌被称为"诚斋体"，和他一同影响杭州文坛的还有三位诗人：范成大、尤袤、陆游。这四位被并称为"中兴四大诗人"。

## 参考文献

1.〔宋〕欧阳修，宋祁：《新唐书》，中华书局，1975 年。

2.〔宋〕李格非：《洛阳名园记》，载《全宋笔记》第三编第一册，大象出版社，2008 年。

3.〔宋〕司马光：《司马温公集编年笺注》，巴蜀书社，2009 年。

4.周维权：《中国古典园林史》，清华大学出版社，1990 年。

# 湖州与杭州：杭州人的
## "饱"来自精神食粮和占城稻

　　湖州气候适宜，物产丰富。在农业发达的基础上，湖州的制笔、丝织、印刷等手工业也发展起来。它的经济实力不容小觑，文化底蕴也十分深厚，吸引了众多文人隐士来此游览。

　　湖州与杭州相邻，位于杭州与太湖之间。杭州与湖州同处杭嘉湖平原，各方面交往频繁。湖州粮船驶向杭州湖墅米市，杭州"城中米珠取于湖"的说法名副其实。湖州的湖笔、湖丝、湖镜等手工艺品也在杭州热销。

# 一支笔成就一个大师

　　湖州有三绝名扬海内，分别是赵孟頫的字、钱选的画，还有湖笔。前两绝都和这湖笔有密不可分的关系。湖笔制作十分考究，笔杆是浙西天目山北麓灵峰山下的鸡毛竹，而笔头非杭嘉湖的山羊毛不用。湖笔笔锋尖利，笔头圆浑。

　　可这样一支湖州毛笔在元代之前却没扬名天下。直到元代时，湖笔到了杭州才霎时在文人圈子里大火，连杭州的书法、绘画风格都一度因为湖笔的出现而改变。后来两、杭、湖两地画派交流学习，不断精进，令杭州书法绘画风格有所进步的同时，也让湖笔闻名天下。

　　两地文人团体的一次重要交往要从一个人的拜师说起。

善琏湖笔

这个人是黄公望，这一年他三十岁。他走在杭州街头如沐春风，倍感欣慰。他不是因看到了如今杭州商贾云集、市廛繁华、都市繁荣而欣喜，也不是因杭州得名"普天下锦绣乡，寰海内风流地"、成了文人重要的交往圈而喜出望外，而是他今天拜了赵孟頫为师。

赵孟頫是湖州人，博才多艺，能书擅画：在绘画上，他开创了元代新画风，被称为"元人冠冕"；在书法上，篆、隶、真、行、草书皆精，尤以楷、行书著称于世，与欧阳询、颜真卿、柳公权并称"楷书四大家"。

一开始，黄公望还沉浸在学画的喜悦中，可渐渐愁绪就笼上心头。他佩服老师的画技，也赞同老师的山水画审美，可他每日苦练画技，却根本无法达到老师浓淡相宜、圆融苍秀的境界。

赵孟頫看出了黄公望的焦虑，唯独他知道黄公望这段时间进步不大有个至关重要的原因——黄公望的笔不对。

如今赵孟頫用的湖笔是经过新一轮改进的。他调整了羊毛和兔毛的配比，重新选择了笔杆的用料。一切的改变都是为了精益求精。如今的湖笔是赵孟頫下了很大功夫才定型的。回想当时改进湖笔的日子，也是艰苦的岁月。

那天，他正在和湖州的笔工商议改进当地毛笔的制法。

赵孟頫想要更柔润、蓄墨更多的毛笔。既然兔毫不行，那么就换一种原料试一试。他们想到湖州当地有一种山羊，它们的毛就是很好的制笔原料，就在其中加入了羊毛，又找来浙西天目山北麓灵峰山下的鸡毛竹。这种竹子节稀杆直，竹内空隙较小，是制作笔杆的理想原料。

他们还改进了笔头的制法，创造出披柱法。即先制成毛笔头中心的"笔柱"，然后再在笔柱上覆上一层薄薄的披毛，把笔柱紧紧包住。

拿到新制的笔，赵孟頫十分欣喜，终于有一支得心应手的毛笔了。

这支笔和当时市面上的湖笔可不一样。

当时若在杭州买笔，多半是由屠希笔改进而成的毛笔。屠希笔是杭州笔工屠希所制，是建炎、绍兴年间最好的毛笔。它入手即熟，经久耐用，"作万字不少败"，受到宋高宗和众多文人士大夫的喜爱。屠希笔价格更加亲民，工艺有所简化，用料上多采用兔毫。

这样的笔就没有赵孟頫新制的湖笔好用。他的新笔好用，而且吸墨很多，下笔又有笔锋。在清秀俊逸之中又带着风骨，这是杭州众多笔都做不到的。这也难怪在杭州这样的温润水乡中，没有竟陵风骨的艺术风格。

反正新做了笔，赵孟頫心想不妨让自己的爱徒前来试试这笔到底如何。黄公望接过老师手中的笔，还不知道这支有什么不同，所以面上的愁容一点都没消散。他原本要谢过老师就回房间继续钻研，却被老师叫住，要他当着自己的面试试这笔如何。

黄公望用老师教的方法，先以湿笔画窠木，干笔造坡石，又用浓墨画了两竿竹。赵孟頫在一旁微微点头，一是满意这笔真的不错，二是满意黄公望的画技竟然到了炉火纯青的地步。这学艺几年真是没少下功夫。

黄公望也很震惊，这窠木如泼墨，飞白作石，厚重沉稳。这不就是他苦苦追求的效果，怎么在老师面前就做到了呢？正当黄公望不知所以的时候，赵孟頫告诉爱徒，这是新制的湖笔。

如此一来，赵孟頫的湖笔就在杭州传开了。

一时间，杭州文人的聚会都和这种新制的湖笔脱不开关系。当时，杭州人常说这赵孟頫的湖笔和杭州的笔不一样。这笔的锋颖比杭州的笔长，也更软。有人和赵孟頫相识，便知道这笔是采用了湖州特产的山羊的毛，锋颖长，柔软，蓄墨多。

越来越多的人造访赵孟頫的杭州画室，都想试试这笔。他们发现写出来的字果然更圆润苍秀，而且笔也更经久耐用。

如此一来，杭州笔工也开始使用羊毫制笔。所谓"工欲善其事，必先利其器"，笔好了，写的字也漂亮。杭州众文人有那擅绘画和书法的，也因这笔好用，对这个南宋遗贵赵孟頫的态度也有所改变。常年游走杭州山间的黄公望，渐渐成为南方书画界的翘楚，他对此时杭州绘画的风格也有颇大的影响。

黄公望在绘画技巧上讲究用笔用墨，他以书法中的草籀笔法入画，形成一种独特的浅绛山水。这对后世文人形成江南山水的绘画定式也有一定影响。

所谓"浅绛"，即在皴染之后用淡淡的赭石和花青视画面情况作层层渲染，将这江南山水的轻快秀润表现得淋漓尽致，一改之前南宋画院奢靡浮华、精细繁复的画风，形成了江南画派用笔简练疏淡、于柔美中见刚劲的审美特点。

如果从时代的绘画特点来说，黄公望把董源、巨然的画技发展到了极致，结合他对生宣的运用，创造出了浑厚华滋的南方山水画。同时，他还沿袭了师父赵孟頫的"托古改制"，追法北宋，远学晋唐，从而将元代的杭州绘画推向了顶峰。

而这一切的改变，都要从一支产自湖州的笔和那个来自湖州的文人说起。

# 湖州的米，杭州的饭

明朝时，湖州的米粮就已贩卖到杭州，杭州百姓习惯了吃湖州米。明人王士性曾记载杭州"城中米珠取于湖"。这里的"湖"不是指湖州府的湖州，而是杭州一个地方以"湖州"命名的重要商业区——"湖州市"，也称为湖墅。

湖州市位于杭州城北五里处。这里商贸往来，十分繁华。王士性说："杭城北湖州市，南浙江驿，咸延袤十里，井屋鳞次，烟火数十万家。"

它的形成其实与湖州有着千丝万缕的联系。湖州市是湖州通过运河向杭州城输入货物的要地。湖州一带需要外销的货物，大部分为米粮，几乎都从此运入杭州。因而杭州便在这里形成了集散市场"湖州市"，至今杭州仍有"米市巷"留存。

明嘉靖年间（1522—1566），杭州一家食馆内正食客满门，饭菜飘香。店掌柜忙着收银招呼客人，店小二忙着端盘拿碗。

一张八仙桌上摆了几碟小菜，旁边坐了一位身穿丝绸的食客。店小二给食客摆上米饭后就退下了。没想到，那位食客端起碗来吃了两口就皱着眉头，啪的一声把碗放下，连声招呼："掌柜的，你家这米饭不对啊！"

店掌柜看食客满脸怒气，快步走来询问："您吃着觉得哪儿不对？我们家米饭保证都洗得干干净净，大师傅蒸得香喷喷的。"

食客摇头，说："不是说这个，你这煮饭的米不是湖州米吧？往日上的都是湖州米饭，怎么今天这米不一样了？"

食客桌上的米饭确实不是湖州米。湖州米煮出来的米饭清白有油亮光，透明发亮。食客桌上的米饭却是奶白色的，看着比湖州米的浊些，也短了些。

店掌柜连忙道歉："您见谅。湖州米粮难买，没办法，店里就换上了湖南来的湘米。"

明朝时期，棉布价钱比米粮高，种棉花的收益比种水稻的收益高。于是，湖州地区越来越多农民选择将土地用于种棉花而不是水稻。种粮的地少了，湖州的米也就少了。杭州市面上的米粮更多是从湖广地区运来的，而非湖州米。清朝时有谚语"湖广熟，天下足"，便说明了这种情况。

而在更早之前的宋朝，杭州百姓接触最多的其实是湖州米。

南宋时的一天，一位掮客急匆匆走到湖州市，问他相熟的粮商："你有没有湖州米？给我拿湖州米。"这位掮客是湖州人，知道现在湖州很多土地都种上了占城稻。湖州的米在杭州十分畅销。

粮商跟掮客说："早就被抢空了，只余下些其他地方的米。"

掮客急道："这可怎么办？杭州人吃惯了湖州米，其他地方的米怕是不好卖啊！"

杭州人吃湖州米兴于宋朝。两浙、江淮地区并非都是旱涝保收的鱼米之乡。一些地势较高的水田遇旱就容易发生旱灾。为了解决这个问题，宋大中祥符四年（1011），宋真宗派人到福建取来占城稻稻种三万斛，分给两浙等三路。

湖州位于杭嘉湖平原，地势低平，以平原和低山丘陵为主，可用耕地多，土地肥沃，且靠近太湖，水源丰富，十分适宜种植水稻。湖州也分到了占城稻稻种。占城稻抗旱性强，可以适应水土比较贫瘠的土地。且跟湖州原有的稻种相比，占城稻成熟较早，产量又高，一年可以收获两次。从此，占城稻传入湖州，在朝廷的指导下，湖州农民在地势比较高的土地上种植占城稻，湖州也因此粮食增产。当时湖州最好的田能够亩收五六石，相当于亩产七百六十五市斤到九百一十八市斤。

范成大记载"苏湖熟，天下足"，这句谚语反映的就是占城稻在湖州落地生根后，湖州农业生产发展较快，产的粮食很多的情况。因粮食丰产，不仅湖州百姓自己从原来粮食匮乏时期的一日两餐转为了一日三餐，还有富余的粮食能够运销其他地区，以供民食。这其中有很多就运往了杭州。

南宋时期，宋室南迁，定都临安（今杭州），大量北方官民来到杭州，杭州人口大增，出现了粮食缺口。南宋吴自牧记载杭州："每日街市食米，除府第、官舍、宅舍、富室及诸司有该俸人外，细民所食，每日城内外不下一二千余石，皆需之铺家。"

湖州与杭州相邻，两地又有运河连接，往来频繁。因距离近，水运方便，粮食又丰产，湖州就成了杭州的粮食基地，杭州百姓也就习惯了吃湖州米粮。

据宋代周必大记载，宋时杭州就已经形成了"东门菜，西门水，南门柴，北门米"的格局。这里的"北门米"多是从湖州运来的米粮。当时湖州市"舟楫往来，日不下一二百船"这些船便多是从湖州来的运粮船。大量的湖州米粮被贩卖到杭州，湖州的货船也多在此地聚集，由此形成了湖州市。

一座城市的发展有时会带动周边城市的发展。宋室南迁使得杭州进入了高速发展时期。与此同时，杭州作为湖州货物的销售市场，它的发展也带动了湖州的发展。

# 杭州人第一次有了连环画

明朝中晚期，杭州已经发展成为一个经济繁荣的大都市，市民阶层崛起。随着生活水平的不断提高，杭州人的消费观念也发生了转变。在温饱之余，他们开始追求文化、娱乐等精神方面的消费。

明代书籍中记载的杭州人"人无担石之储，然亦不以储蓄为意。即舆夫仆隶奔劳终日，夜则归市肴酒，夫妇团醉而后已，明日又别为计"，"其居人按时而游，游必画舫肩舆，珍羞良酝，歌舞而行，可谓奢矣"。

随之而来的便是文化、娱乐行业的发展兴盛，小说、戏剧、话本大量涌现。杭州市面上出现了很多通俗书籍，但这些书籍多为一色印刷，看久了难免觉得单调。

一个湖州来的文人改变了这一切。

明崇祯年间（1628—1644），凌濛初已经乘着他的书船在杭州的河巷码头穿行了三天。看着船中所剩无几的书，他心中一阵欣喜：套版印刷果然大有可为！

凌濛初是湖州府乌程县（今浙江省湖州市吴兴区织里镇晟舍）人。他出身晟舍凌氏。南宋时，凌氏先祖随宋室南渡，带着家中藏书来到湖州落脚。因家中藏书丰富，凌濛初便想到了刻书。

用雕版印刷术印制的书籍通称为"刻书"。此时市面上的书多是一色印刷。江南地区，尤其是杭州，略通诗书的人越来越多，看戏剧、话本的人也越来越多。但

套版印刷的木版

由于一色印刷的书籍太过呆板，人们便想看更易于理解的带图片的书籍。发现这一点后，凌濛初就想到了套版印刷。

早在元代就已经有套版印刷技术了，元至正元年（1341）的《金刚经注》就是最早的套印本书籍，其经文用红色大字，注文用黑色小字。

套版印刷是用一块版分两次或多次印刷完成，在印刷时，必须使再次加印的版框严密吻合。这技术可比单纯的一色印刷复杂得多，所以哪怕到了明朝，市面上的套版书也并不多，更多的还是单色印刷的书。

直到凌濛初带领家族改进了印刷技术，研究出了一页多版分次印刷技术，印出了精美的朱墨、三色、四色、五色套印本。他还特地印了许多戏曲、话本小说。凌濛初自己也在写话本，也将自己写的这些书用套版刻印出来。

这些书印出来后，凌濛初便用船装着运到杭州售卖。他想着，杭州人多，买书的人肯定也多。自己这套版印刷的书这么精美，必然畅销。

果然，凌濛初的套版印刷书籍一出，"无论贫富好丑，垂涎购之"，一举抢占了杭州市场。这才三天，凌濛初从家中带来的一船书都卖得差不多了，他高高兴兴地准备启程回湖州了。

这时，一个儒士打扮的中年人拦住了他。那人问道："我是杭州一书商，先生可是湖州织里凌氏？杭州市面上出现的套版印刷的书可是出自先生之手？"

"正是。您有何事？"凌濛初有些奇怪，难道是听说了自家刻印的书籍好，特意寻来买书的？

"先生，我想跟您学套版印刷。"

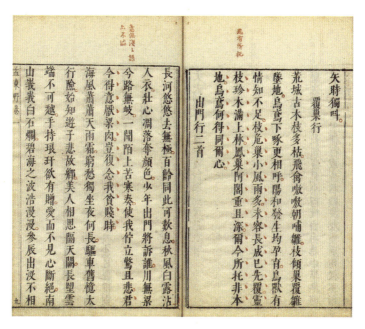

明万历时期凌濛初刊朱墨套印本《孟东野诗集》

原来，凌濛初的套版印刷书籍实在太过精美，卖得太好，抢了杭州其他书商的生意。他们原有的一色印刷书籍都无人问津了。杭州的书商都着急了，纷纷打听是怎么回事。一打听才知道，是晟舍凌氏出了套版印刷书籍。这才有了书商特意找到凌濛初学套版印刷技术的事。

书商解释一番，然后苦笑着说："先生的套版印刷书一出，无人能与之争锋啊！还请先生教我。"

凌濛初哈哈一笑："这有何难？我教便是了。"

杭州不止这一个书商想学套版印刷技术，越来越多的人从杭州到湖州学习套版印刷技术。在凌濛初的带领下，套版印刷书籍如雨后春笋般冒了出来，越来越精美。后来，杭州市面上卖的几乎都是由湖州套版印刷技术刻印出来的书。

明代藏书家谢肇淛在《五杂俎》中说："今杭刻不足称矣，金陵（今南京）、新安（今黄山）、吴兴（今湖州）三地，剞劂（即刻书）之精者不下宋板，楚、蜀之刻皆寻常耳。"

凌濛初自己编写的话本也十分受欢迎。他的话本文情并茂，十分贴近普通市民的生活，也受到了杭州市民的欢迎，还被当时的戏剧大家汤显祖称赞为："缓隐浓淡，大合家门。至于才情，烂熳陆离，叹时道古，可笑可悲，定是名手。"杭州很多说书人便将他话本中的故事说给杭州百姓听。一时间，杭州说书人说的也都是湖州人写的故事。

# 参考文献

1.〔明〕沈朝宣:《嘉靖仁和县志》,明嘉靖二十八年修,清光绪十九年校刊本。

2.〔明〕谢肇淛:《五杂俎》,中华书局,1959年。

3.周祝伟:《7～10世纪杭州的崛起与钱塘江地区结构变迁》,社会科学文献出版社,2006年。

4.〔宋〕孟元老、吴自牧:《东京梦华录·梦粱录》,江苏凤凰文艺出版社,2019年。

5.〔宋〕周必大:《二老堂杂志》,中华书局,1985年。

# 北京与杭州：
## 两个文化符号，一条河

北京、杭州，两座在布局上形成一南一北错落繁荣的城市。追溯历史，要归功于京杭大运河的开通。运河如一条纽带，连接起了两者的缘分。

在元朝时，北京名叫大都，是一朝之都。而曾身为南宋都城的杭州，此时是南方最大的商业中心。这两座城市分处南北，共同掌握着整个朝廷的经济命脉。这一时期，还有很多外国游人慕名来华，往来其间。其中最著名的非马可·波罗莫属。

清朝时，杭州更像是北京的后花园。康熙和乾隆的钟爱，使它的地位在全国提升，一度成为掌握国家经济命脉的富庶重城。不仅如此，杭州作为江南的文化符号，和北京所代表的帝都文化南北对应。江南水乡温润的审美，从此开始。

# 南来北往，运河牵起的缘分

北京和杭州分别为京杭大运河的两个端点。两个城市也自然由这样一条运河联系起来。元朝时，北京成为都城。而此时的杭州于朝廷而言更像是一个聚宝盆。改朝换代之后，杭州是一个不容忽视的重要经济城市。

元初，因为皇帝突然迷上江南的茶叶，所以杭州最好的茶叶就沿着这条河来到了北京。元至元八年（1271），忽必烈改国号大元，后定都大都（今北京）。故事就从这里开始了。

元至元十五年（1278），临安府改为杭州路总管府，管辖钱塘、仁和、余杭、富阳、盐官、新城、临安、昌化、於潜九县。杭州是前朝都城，藏着无尽的财宝，元军想要将它们悉数运回大都。这样一来，元廷便下令全面修整运河。这时的运河还是隋朝时扩修的从杭州到洛阳，再由洛阳到涿郡（今河北涿州市及周边区域）分段。

改造后的运河在原来的基础上增加了通惠河、会通河、济州河三段，最终成为北起大都、南至杭州的贯通运河。如今，这条河道也相继修复通航，人们依旧能从京杭大运河的遗址中感受昔日风光。

运河开通后，从大都到杭州无需中转就可直达，其间耗时约为两个月。随着往来官差旅客增多，为方便食宿，沿途出现很多驿站。大运河的扩修，将南北串联起来，尤其是令作为政治中心的大都与商业中心的杭州，交往变得更加频繁。

京杭大运河杭州拱宸桥段

即使杭州的南宋财宝都运送到大都，杭州和大都的联系也不曾断裂。两座城市的联系在不知不觉间建立了起来，南北之间的交往融合也由此开始。

蒙古人喜欢在住处建符合他们生活习性的蒙古包，就连其中的庙宇都还保持着方柱的建筑风格，并在柱子外侧包有毡毯。而杭州受南宋皇室的影响，建筑风格趋向精致华美，绮丽鲜艳，这和大都里富有蒙古特色的畏吾殿、棕毛殿等极不相同。运河通航后，两地百姓迁徙增多，两种风格开始多有交融，蒙古百姓来杭建起了自己喜爱的浑圆建筑，同时元廷也被杭州的华美之风吸引，建起了奢华的水晶圆殿。

除了建筑，蒙古人和汉人还存在语言差异。朝廷派人来杭时，往往都会有精通两种语言的翻译人员陪同。后来元廷干脆在江南地区推行蒙古文字，以"广其学，修明其教"为目的，在杭州设置蒙古字学提举司。这种颇具蒙古特色的机构开设在杭州衙门旁边时，往来的杭州人频频探头张望。

杭州作为贸易的重要中转城市，中外货物都需要在这里转运至大都。在元朝大运河还没修好之前，元廷就已认识到了杭州地理位置的优越性。为了更好地把江南地区的物产运到大都，从大都到杭州还建有大量站驿，用于官差休息和货物的日常转运。根据统计，每日使用马车与驮马载运杭州生丝到大都的频次，不少于一千次。

当时的大都和杭州还颇受外国人的青睐。以马可·波罗为例，他走陆路来华，在元至元十二年（1275）时，走到大都，受到了元世祖忽必烈的礼遇。此后很多年里，他都任职于元朝。

那年，马可·波罗奉旨南下任职，走陆路到达杭州。他刚到就被那里空前繁荣的景象所惊艳。售卖茶叶、丝织品的商铺前挤满了蒙古人或外国人，以及前来采购、打算运往外地的小贩。杭州产的丝织物颜色漂亮，精美绝伦，不仅是杭州百姓日常衣着所穿材料，而且还深受朝廷王公贵族们的青睐。甚至连当时的皇妃、公主，也常下旨差人来杭催办上等丝绸、袢袄等物，当然这些物品最后还是得由驿道递运到大都。

杭州在陆路交通上，远不及都城大都的全国中心地位，但在海上交通方面，大都又不如杭州。后来，贯通南北的大运河开通了，交通往来变得更加便捷。这一时期，元廷除了修缮河道，还多次下令在运河沿岸大量种植树木，用来养护河道，维持运河畅通。

元朝大运河沟通了一部分的主要水系，使得南北交通更加方便。而且这样一来，也加强了南北之间经济文化的交流，对元朝维护国家统一和巩固政权起到很好的促进作用。直到元末，运河的联结作用依然有效。诗人杨维祯的"南官北使须到此，江南西湖天下无"，便反映出南北不同群体到达杭州的盛况。

除了马可·波罗，这期间还有很多来元做生意的外国商人。杭州与沿海各国以及西欧多国的交往明显增多，继马可·波罗之后，还出现了一批旅行家。鄂多立克、伊本·白图泰、马黎诺里等人都曾往返于大都和杭州等地。

当时元廷派往南洋和其他国家的大臣与商队，也都从大都走陆路或水路南下出海。元至大二年（1309），仅杭州驿站半年里就接待了使客一千二百余人。到了元延祐元年（1314），杭州驿站接待的使臣就增加至五十三批之多。

这些来杭的使臣经运河前往大都，随后又从大都转道杭州返航。来来往往之间，将大都和杭州通过一条运河串联在一起。运河连接起来的不仅是地理位置不同的两个地区，更是两地文化、经济等多方面的互通。

## 江南茶北运上大都

元世祖在大都定都后，大范围地建筑新城，人口也随之渐渐增加起来，贸易往来更是呈现出一派无与伦比的繁荣局面。来自世界各地的奇珍异物与各种商品络绎不绝地运向大都，以供应大都各阶层日常所需，正可谓"外国巨价异物及百货之输入此城者，世界诸城无能与比"。

到大都行商的生意人不仅有元朝疆域内的豪商巨贾，还有从中亚、南亚等地来的商人。总之，凡世界上最为稀奇珍贵的东西，都能在这座城中找到，其中印度的商品，如宝石、珍珠、药材、香料等都受到大都百姓的喜爱，其中最重要的货物非茶叶莫属。

茶叶，原本和游牧民族的生活相隔千里。但是此时，茶叶却成为京杭大运河上最重要的货物。这一切都源于元仁宗接连几日的食欲不振。

忽思慧是皇帝的御医，这几日把他忙坏了。皇帝自前几日午膳后，食欲不振好几天了。一开始太医都以为是时节临近清明，胃火、肝火并发导致的饮食失调。可是只有忽思慧才知道，皇帝根本不是饮食不调，不过是前几日午膳多吃了几口羊肉，这几日才积食没有胃口。

御医是个蒙古人，想到以前在草原的时候，吃了羊肉跑几圈马、打几场猎就消化了。实在不行，草原上还有种苈苈草，也能清热利脾胃。可如今是在中原，到哪里去找芨芨草呢？

就在一筹莫展中，忽思慧憔悴了很多。他在太医院的小徒弟跟在他身边，也跟着着急。他的徒弟倒是勤勤恳恳一心学本事，可就因为是个汉人，一直不受重用。但是忽思慧知道，这个小徒弟的医术不差。可是皇帝这病就是肉吃多了，这要怎么向小徒弟讨教药方呢？

正在发愁如何开口时，小徒弟端着一盏茶来到忽思慧面前。忽思慧没心思看杯子里的是什么，就端起茶杯喝了一口。这茶汤刚入口苦涩，不久就两颊生津，舌根回甘。

忽思慧问小徒弟这是什么，小徒弟说："师父，这是今年最好的茶，我刚托人从杭州送来的。"忽思慧是蒙古人，不会喝茶，但是这个味道却沁人心脾，茶香也让人觉得清爽。正觉得好喝，忽思慧一连喝了好几杯。

可是忽思慧没想到，第四杯喝下去之后，却突然觉得饿意袭来，肚子咕噜咕噜叫了。小徒弟是个老茶客，端上一盘牛乳小点心，让师父吃一些再继续喝，不然会"醉茶"。

忽思慧不知道什么是醉茶，一听小徒弟解释之后，连吃一口点心的工夫都顾不上，就带着剩下的茶叶进宫了。

将茶叶取出，给皇帝烹煮之后，送到御前。果真，不出三杯，元仁宗就和忽思慧一样，开始觉得腹中空空，再喝几杯便是胃口大开。自此之后，元仁宗开始喜爱饮茶。其实只因他太爱吃羊肉，每每遇到午膳吃羊肉，他都要配以杭州茶解油腻。元代中期诗人马祖常还曾有诗："太

官汤羊厌肥腻，玉瓯初进江南茶。"

茶叶受到皇帝的赞许之后，便开始在元大都传开。

从王公贵族到高官权臣都纷纷饮茶，茶叶一度风靡全城。其中有几种茶叶非得是杭州运来的才有味道，其他地方的都不可与之相提并论。但茶的保鲜期其实很短，很多茶叶都很怕受潮，不仅影响口感，而且也不利于存放。

即使是刚刚在杭州做好的茶，马不停蹄地送到大都，也不如刚制作出炉就饮用来的新鲜可口。皇室走向了追求味道的巅峰。

皇帝想，既然茶叶在京杭大运河上颠簸一番味道不如运输前，那就自己坐上船，沿着京杭大运河一路去杭州。或者在优质的茶源产地专设一个茶场，所有成品都专供贵族皇室，而且在当地专设一个事务司，或是提领所。下设提领一员，而且不受当地小官支配，直接受各路官员管控。

在饮清茶之余，元人还将自己喜爱的酥油茶和清茶

九省运河泉源水利情形图

结合在一起。其中，兰膏、酥签就是时兴的酥油茶。蒙古族在常喝的西藏"西番茶"的基础上，结合中原的一些饮茶方式，创造出独特的酥油入茶法。

酥签的制作方法是"金字末茶两匙头，入酥油同搅，沸汤点之"。兰膏则是"玉磨末茶三匙头，面、酥油同搅成膏，沸汤点之"。这两种酥油茶是元代特有的品类，都用末茶、酥油或杂以米面、麦面搅拌成膏，用沸水冲泡而成。

蒙古人不光把茶看作饭后的必需品，还将茶作为祭祀用品，献给神灵。后来，这种方式甚至成了一种风俗，比如蒙古族祭祀火神时，就常用茶作为祭祀物。由于茶成了蒙古人和汉人的居家必备之物，元朝时对茶的管控也变得严格很多。

既然要将杭州的茶叶送到元大都，势必得在众多产茶地中精挑细选才能北运。挑选过程中，当地的茶商间存在激烈竞争。时间一长，矛盾激发，地方官员免不了从中谋取私利。这种状况早在宋朝时就很严重，当时宋廷虽颁布专门负责管理茶的法令，但只是简单的通商法，并且还将榷茶①权放归地方，加剧了竞争和地方政府谋私利的情况。

到了元朝，这种状况有所改善。元朝统治者在宋代的基础上，建立了由中央直接管辖的榷茶管理机构，榷茶权正式收归中央。地方开始无权私收茶利，整体所得尽数收归国库。除此之外，茶法根据元廷的财政状况也会不断调整。各地茶商需要在当地茶运司缴纳课额，再自行到山场取茶和指定地点贩茶。

这时，榷茶的重点不再是宋朝时的四川一带，转而聚集到了东南。元廷为彰显对江南地区的重视，在杭州等多个产茶地设立十六个"榷茶提举司"。后来，榷茶制度开始在全国实行。

就这样，东南地区成为大都最大的茶叶供应商。不仅如此，杭州物产丰富，在其他货物方面，向外的供应也源源不断。在元代，杭州成为一个商业城市，是个不错的港口，有着稳定的经济来源。

①中国唐代以后各代所实行的一种茶叶专卖制度。具体指官府对茶叶实行征税、管制、专卖的措施。

# 皇帝是江南山水代言人

元代之后，明清两代都以北京为顺天府。北京也在时间的洗礼中，蜕变为一个带着帝王气的文化符号。而杭州则在人们心中逐渐成为温润水乡的代名词。而实际上，审美和文化的定式都来自时间中人们的诠释，明代文人开始将江南景物和性灵纯真结合在一起。而杭州正式成为江南水乡的代名词，是从两位皇帝开始的。

为了加强对南方的管理，康熙和乾隆都曾多次南巡。又因为杭州自古以来的优越地理位置和身处江南的重要地位，他们都曾多次来到杭州巡视检查。

清乾隆二十七年（1762）正月十二，乾隆率领浩浩荡荡的队伍出发了。这是他第三次南巡，和前两次一样，他依然要前往杭州一带巡视。

乾隆此次南下，恰逢黄河爆发水患。途经受灾区域时，他下令拨款赈灾，并统领当地官员全力抢修。等他来杭巡查时，不免就对周边运河、海塘情况更为重视。他到达海宁（今属浙江）的第一件事就是视察海塘，结果不出所料，其中诸多河道都存在着安全隐患。他便命人立刻修缮老盐仓一带的柴塘。此塘有方圆百余里，当地实在资金有限，无力承担，乾隆就出资维修，走时还另拨一笔钱用于日后维护。

频繁的皇家活动使北京与杭州的交往更密集。不管是元朝时，马可·波罗在大都和杭州的游历，还是清朝时，康熙、乾隆的多次南巡，都从各方面促进了两地百姓的民间交往，开创了一南一北的盛世格局。

这时，离元朝扩修运河已过去几百年。但这条历史悠久的运河，依然是联结南北交往的主要方式。这一时期，除了运输货物之外，运河还和周边的农田水利工程联系在了一起。引水灌田等措施令运河沿岸的庄稼产量大幅增加。此外，以杭州和北京为代表的南北方城市的农作物，在水土肥沃的基础上实现了非同一品种的相互移栽与培植。依照此种方法，其他农作物都可得到南北方的普遍种植，从而有力推动了当时农业经济的发展。

运河的南端是杭州，北端已经由原来的大都改名为北京。像元朝大都一样，北京作为明清都城，始终在全国占有举足轻重的地位。但杭州非同往日，由于明朝重农轻商，靠商业繁盛起来的杭州一度遭受轻视，发展缓慢。直到明朝中后期，它才开始重振繁荣，依靠造船业和手工业蓬勃兴起。

由于明清时期对于中央权力的愈发集中化，北京成了彻底的"京城"，是所有人心向往之的"天子脚下"。各地文人学子以在京任职做官为仕途目标。北京和杭州的地位开始出现落差。但随着清朝对商人身份的认同，杭州的地位又得到很大提升，成为掌握国家经济命脉的富庶之地。

科举在明清时期的盛行，可以说极大地推动了南北文化的交融。历代统治者都企图通过统一思想来加强自己的统治，尤其在清朝时，皇帝提倡兴文教以达至治。这也是乾隆多次南巡的原因——追求"帝王敷治，文教是先"。

这一时期的北京和杭州，除了经济往来之外，文人活动也司空见惯。北京作为权力中心，每年聚集在此科举的人数众多，文学气氛浓厚。加上当时皇帝又都推儒

杭州一角的繁荣景象　引自《康熙南巡图》

尚学，北京的文人活动不胜枚举。而杭州由于经济富庶，在满足日常生活的前提下，仍有余力发展文化教育事业。杭人作为江南的代表，学习之风极盛，素有"江南科考冠于全国"之言。

其中，阮元在杭州的文教事业颇具盛名。清嘉庆九年（1804），杭州西湖孤山旁的一所书院里，一大群人正在学文论经，他们都是诂经精舍的学员。诂经精舍便是这所书院的名字，之所以命为诂经精舍，实在是因为它寄寓了筹建者阮元的厚望。精舍是指两汉研习经学的学生住所，诂经是指"不忘旧业，且勖新知"。

宋明以来，程朱理学就占据了文坛的半壁江山，众多士人从学研习。但阮元反对程朱理学的空谈心性，提倡诸儒师说，故而筹建诂经精舍，想要振兴古学，"选拔寒俊"，为朝廷输送更多人才。

这所书院设立于清嘉庆六年（1801），虽然成立时间不长，但培养了大量的文士名臣。"上舍之士多致位通显，入玉堂，进枢密，出建节而试士，其余登甲科、举成均。"正所谓"东南人才之盛，莫与为比"。正因如此，诂经精舍也成为当时众多士子想要就读的书院。

参加诂经精舍的学员大多有着善政为民的抱负，想要科举入仕，期望自己可以功成名就，光宗耀祖。但有两个人不同，他们想像阮元一样，成为讲学的先生，可以传播儒学中实学、经世、致用的思想。他们是胡珵和朱一新。

在阮元的领导下，胡珵和朱一新后来都学有所成，一个主讲杭州崇文书院二十余年，另一个也在他地兴办学堂。诂经精舍培养出大量人才，清朝著名学者章太炎就从学于此书院。阮元为朝廷输送了大量卓有才华的文士，他和书院的师生们一起将杭州发展成了东南地区的学术盛地。

诂经精舍的学员除了江南士人，北方各地的学子也有很多。大家会集一堂，南北两地的士人展开了文化交流。在一定程度上，诂经精舍促进了南北学术之风的融合。

从北京到杭州有康熙、乾隆的多次南巡，从杭州到北京有阮元等人兴办书院，为朝廷培育英才。无论是从北到南，还是从南到北，北京和杭州都在文化方面有所交往。此外，在北京和杭州，文人小团体之间也多有诗歌唱和，不同的语言习惯，存在差异的南北背景，两地的文化时有碰撞。

# 参考文献

1.〔明〕宋濂：《元史》，中华书局，2016 年。

2.〔元〕赵世延、虞集撰，周少川、魏训田、谢辉辑校：《经世大典辑校》，中华书局，2020 年。

3.马金鹏译：《伊本·白图泰游记》，宁夏人民出版社，1985 年。

4.蒋文欢等：《钱塘风雅》，杭州出版社，2019 年。

5.向斯：《乾隆南巡的故事》，故宫出版社，2016 年。

第三章

江南水乡

# 绍兴与杭州：
## 难分高下，江南繁华

故事开头，一个是钱塘，一个是越州；如今一个改名"杭州"，一个改名"绍兴"。唐时白居易曾问"杭州和绍兴哪一个更好"，这个问题至今都很难回答。秦时，不论哪方面，杭州还不能和绍兴旗鼓相当。在汉武帝时期，杭州虽是个山中小县，但它与绍兴的关系已发生了变化。汉武帝把原设在山阴（今绍兴）的会稽郡西部都尉的治所，迁到了杭州的灵隐山下。都尉是管理郡级的军事与治安的机构，杭州有了它就如锦上添花。

此后杭州和绍兴处于一种微妙的竞争关系中，双方地位交替上升，各占上风。唐末钱镠三筑杭城为杭州赶超绍兴提供了可能。两地的竞争进入炙热阶段，但此时依然说不出杭州和绍兴究竟哪个好。

南宋时期，赵构一路来到越州，将之改名为"绍兴"，最后定都临安（今杭州）。作为一国之君的赵构的选择让杭州与绍兴达成了共赢。

# 杭州好，还是越州好

　　杭州与绍兴同属于浙江省，这两颗璀璨的明珠一颗在浙西，一颗在浙东。千百年来，这两座城市为浙江地区的发展作出了斐然的贡献。在各自走向繁荣的征途中，杭州与绍兴两城关系复杂，绍兴是独自领先于潮头，杭州则是青出于蓝而胜于蓝。

　　人们有时会问一个问题：杭州好，还是绍兴好？这个问题从秦汉一直问到唐朝。此时杭州数度易名，曾称杭州郡、余杭郡，又改"钱唐"为"钱塘"。唐乾元元年（758），唐朝又将余杭郡改回杭州，归浙江西道节度。也是在这一年，唐朝置浙江东道节度使驻越州。

　　一条钱塘江把偌大的浙江分为浙东和浙西。杭州所处的浙西地区常受到海水倒灌的侵扰，不仅农田会被毁

绍兴八字桥

坏，而且房屋街道有时也会受到影响。杭州百姓深受钱塘江潮的困扰，而越州所在的浙东地区却风调雨顺，土地肥沃，人口众多。因此，唐朝外调至浙江地区的官员大都因调任到浙东而庆幸。

但是杭州位于钱塘江入海口，州治范围内水系发达，交通便捷，舟船往来络绎不绝。这样四通八达的水路带动了杭州各项商贸的往来。实际上，此时杭州的经济发展已足以和越州抗衡了。

一场关于杭州与越州哪个更好的讨论就由此展开了。

唐长庆二年（822），中秋。

白居易正在去杭州的路上。这趟出门不是旅行，没有任何亲人朋友同行，只是他自请调任杭州。在给皇帝上书之前，好友元稹劝他："白兄向来聪明，为什么这次偏偏要去浙西？"在元稹看来，浙西实在不是什么好地方，就算要调任，也应该去浙东才是。

没承想不到一年，元稹也被调到浙江，任浙东观察使和越州刺史。白居易听到这个消息后颇为惊讶，可是转念一想，元稹到浙江也好，如此两人又能回到从前有说有笑的生活了。白居易是个老顽童，元稹又性格开朗，他俩第一次见面就如获挚友，从此成为莫逆之交。

元稹一到越州，就写下一首诗歌寄给白居易。他此次是外派，但治所在浙东的越州，这就让他心中不免有些得意：自己的任所越州可比杭州好多了。越州既无什么自然灾害，又无过多政务琐事。而杭州的钱塘江潮看着壮观，可对地方官来说可是治理上一个绕不开的大麻烦。白居易一个文人，面对滔天大潮，怕是要束手无策咯！

　　三天后的清晨，白居易坐在书房，拆开信封。"原来又是写了首诗！还叫什么《以州宅夸于乐天》。我倒要看看他是怎么夸的。"白居易拿起好友的信细细品读，果然是在取笑他。

> 州城迴绕拂云堆，镜水稽山满眼来。
> 四面常时对屏障，一家终日在楼台。
> 星河似向檐前落，鼓角惊从地底回。
> 我是玉皇香案吏，谪居犹得住蓬莱。

　　元稹觉得杭州比不过越州。白居易来杭州之前，元稹就一个劲儿劝他：浙东风光无限，万不可自请去浙西。这信中说的也是这个意思。其实当时很多人都这么评价杭州。白居易不是第一次听到这句话。

　　但如今他心里却没有生气和不甘，看着信笑了起来："这个好小子，居然写诗来调侃我。依我看，杭州可比越州好，你是嫉妒我到了人间天堂。"于是，白居易一气呵成一首诗，并将其放入信封中。几天后，元稹等来回信，他想白居易肯定要和他争论一番。

　　元稹迫不及待地拆开信封，乍一看白居易居然在夸越州风景好，元稹大惊。等到仔细读来时，却见白居易又说：收到你的信，知道你的房子很气派。但依我看，分明是你元稹被贬到西北的次数太多了，看惯了大漠的风沙，所以在越州看到兰亭美景就觉得自己身处人间仙境了。其实你心里有数，杭州才是浙江真正的人间天堂！

> 贺上人回得报书，大夸州宅似仙居。
> 厌看冯翊风沙久，喜见兰亭烟景初。
> 日出旌旗生气色，月明楼阁在空虚。
> 知君暗数江南郡，除却余杭尽不如。

这样一来二去，元稹和白居易开始了一场经典的隔空辩论，元稹坚持说越州比杭州好，白居易则认为包括越州在内的江南所有州郡都不如余杭（杭州）。

虽然白居易对杭州格外有信心，但他不得不承认友人的话也不是全无道理，海水倒灌和生活用水的问题确实亟待解决。

为了让杭州在这场比较中胜出，白居易花了大力气治理杭州。他疏浚从前李泌在杭州城建造的六口水井；在钱塘江潮过后修建堤坝，预防来年的江潮。经他的一番治理，杭州地区农业灌溉的严峻局势逐渐得到缓解，也从盐碱之地转变为膏腴肥沃之地。到白居易杭州任期结束，即将离杭之时，杭州处处是"柳青浦绿稻穗香"。

看到白居易治理下发展兴盛的杭州，元稹十分敬佩。但他还是坚持认为越州比杭州更好。为了辩赢白居易，元稹回到历史中，去找寻越州的辉煌名士。越州从春秋时期开始发展，为会稽郡、山阴县时出了不少名人志士，难道还比不过杭州？元稹一定要再找机会同白居易好好论一论是杭州更胜一筹，还是越州棋高一着。

于是不久后，元稹写下了《重夸州宅》：

仙都难画亦难书，暂仕登临不合居。
绕郭烟岚新雨后，满山楼阁上灯初。
人声晚动千门辟，湖色宵寒万象虚。
为问西州罗刹岸，涛头冲突近何如？

元稹的意思是：越州这座城市太美了，就像是人间仙境，适合游览却不宜长住，因为越州有华美的楼台和灯火通明的大街，像是一座不夜城。而白居易你居住的

元白唱和

杭州就像是罗刹国一样，处于水深火热中。几日后，元
稹意识到自己不该说得太过，又去信松口说，杭州西湖
美景也是天上人间。

此时的白居易正和同僚把酒言欢，欣赏西湖美景。
即便是越州真有天上人间，也无法吸引白居易。他心想：
"元稹一向觉得浙东风光更好，如今只就山水论，浙东
与杭州西湖相比，已是败了。今番我在此赏雪对饮，只
怕元相公越发比不过我了。待我题诗一首，笑他一番。"
白居易趁着酒兴，作了首诗：

> 可怜风景浙东西，先数余杭次会稽。
> 禹庙未胜天竺寺，钱湖不羡若耶溪。

摆尘野鹤春毛暖，拍水沙鸥湿翅低。

更对雪楼君爱否？红栏碧瓦点银泥。

　　白居易说，越州有大禹庙、若耶溪，杭州有天竺寺、西湖，浙江的美景就集中在这两地了。但就风景而论，杭州还是比越州美的。

　　白居易和元稹为越州和杭州哪个更好隔空争辩，就自然风景、人文风光等方面比较了几轮也没有比出个所以然来。实际上，此时的杭州就城市发展而言，还是不如越州的。在之后的岁月中，杭州努力追赶，越州也不甘落后。这两个城市像是处于一场比赛中，时刻都在争夺荣誉。也就是在这个比较过程中，两者交替上升，逐渐成为浙江不容忽视的两颗明珠。

# 他让杭越旗鼓相当

到了唐朝末年，苟延残喘的王朝危在旦夕。国家彻底分崩离析前，乱世的英雄们都在争相抢夺土地。这些英雄们瓜分地盘也要挑挑拣拣，比一比谁的地盘更大、更好。杭州与越州因为地理环境、自然资源相似，总是被放在一起比较。

此时的越州在节度使董昌手里，杭州在镇海军节度使钱镠手里。两地距离很近。越州自唐朝时就已经是手工业重镇，当地物产丰富，很多产品远销至全国各处，有些甚至还闻名海外。在这些丰富的物产当中，越州的美酒素有佳名。早在南北朝时，越州就已有了进献朝廷的贡酒；这酒到了唐朝，名气也久盛不衰。

越州的地形与气候是越州美酒诞生的原因。越州多山多水的地形条件形成了"四山三盆两江一平原"，有利于用于酿酒的作物生长。且越州温热多雨，气候湿润，有利于酒的酿制。这样得天独厚的自然优势使得越州成为一个天然的酒窖。山川与美酒相伴，让越州不断繁华。

越州有美酒，也有好茶。越州在兴于唐朝的茶文化中占有一席之地。陆羽当年曾在全国各地躬耕采茶，他将全国有关茶的一切分门别类，然后分出等级，排出高低，把这些内容记录在《茶经》中。在《茶经》中，陆羽写道：茶，越州上；碗，越州上；越瓷青而茶色绿。他认为越州的茶在所有茶中为上等，越窑青瓷也是精美绝伦。

对茶的评价可能因人而异，但在烧窑制瓷方面，越窑所产的青瓷釉色精美，造型独特，被大家一致叫好。

这是因为越州多水，泥土细腻，富含矿物质，这片土地酿造出的陶胚和泥土堆砌的土窑都是不可复制的。

唐代人说它"九秋风露越窑开，夺得千峰翠色来"，到了唐末，越窑瓷器是身份地位的象征，平民百姓是无法使用的。钱镠也曾用青瓷喝过茶，见识过越窑的魅力。

越州地方富庶、人口众多，就能养活更多的军队。

钱镠一直觉得越州不错，物资丰富而且人口繁多。但是他更看好杭州，因为此地发展空间更大，地形不像越州那样多山多丘陵。虽说越州这样的地势在战争时期

越窑青瓷褐云纹熏炉

是个易守难攻的好地方，但是战争不会一直持续下去。等到城市需要发展的时候，就会发现曾经的易守难攻变成了交通闭塞。

这一点钱镠知道，董昌也知道。他觉得钱镠手里的杭州很好，他也想要杭州。

他看中了杭州地势平坦，有京杭大运河的中转，交通着实便利。况且杭州四周山河湖泊环绕，物产丰富。唯一的不足就是杭州每年严重的水患。也正是这个原因，杭越之争中，杭州的发展都稍逊越州。不过这也无伤大雅，反而有利于他夺取杭州。

董昌在早年对钱镠有提携之恩，多次想要拉拢，实际上是想霸占杭州。可钱镠是有帝王之志的人，卧榻之侧岂容他人酣睡？一场龙争虎斗一触即发。两人为杭州大打出手，不仅是两个乱世大将之间的争斗，更是对"杭州好，还是越州好"这个问题的回答。

唐乾宁二年（895），盛夏，越州。

越州节度使董昌建立了一个"大越罗平国"，彻底独立称王，还增派人手在越州城墙上守卫。

越州城外，钱镠麾下将校顾全武从杭州赶来。他叫来部下，下令明天奇袭越州。他计划让手下的军队兵分三路，一路驻守石侯，一路在香严寺等待增援，而他则带另一路直捣董昌大营。

这一战果然大有收获。唐乾宁三年（896），顾全武生擒董昌并将其押送回杭州。攻下越州，钱镠被朝廷任命为镇海、镇东两镇节度使，彻底将两浙地区纳入囊中。

他很是开心。

同时，他也一直在思索：为什么董昌能在越州自立为王？

或许就是因为越州丰饶的物产才让董昌有了底气，有了自己做皇帝的念头。

钱镠知道越州是风水宝地，但是他也认为越州多山，交通不够发达。正如一夫当关的剑门关，虽有天险可守，却也因交通不便过着半封闭的生活。

如此权衡之下还是杭州好，四通八达，虽如今发展还不如越州，但未来大有可为。都说"江南列郡，余杭为大"，于是他将杭州作为自己的大本营，将越州号为东府。

钱镠知道要想让杭州发展起来，超越越州，兴修堤坝，严防水患是当务之急。

于是，他建筑堤坝，既防止了钱塘江潮的侵害，又解决了涝季海水倒灌、水泉苦涩、庄稼枯黄的难题，让杭州百姓的生活质量大大提升。因为农业的进一步发展，百姓安康，杭州人口开始猛增，更多的人口流向了手工业。原本杭州就有制丝绸锦缎的传统，如今从事织锦业的人口增多，技艺也越发精湛。加上杭州气候适宜桑蚕，杭锦一时风靡全国。

就这样，杭州城富足繁华，水患减少，人口开始逐渐增加。杭州的发展也越来越好，从人口和经济上，它开始能和越州抗衡。

真正结束了杭越之争的是钱镠三拓杭州城。钱镠认为越州常年富足的原因之一是它地形奇险，有天然的防御装置。但是杭州城四周开阔，没有天然的保护。于是，钱镠将杭州南边的边界从凤凰山拓宽到钱塘江北岸；北边的边界从六公园拓到武林门，西边依旧紧邻西湖。通过这三次改造，杭州城从原来四四方方的形状变成一个中间窄、两头宽的形状。钱镠称之为"夹城"，百姓更喜欢叫它"腰鼓城"，如此一来，凤凰山、钱塘江、西

《罗城记》书影

湖都可作为杭州的防线。杭州成了军事要塞。建好夹城之后，钱镠还要建造外城——罗城，此后的杭州基本形成了如今的规模。

由此一来，杭州在军事、经济、农业方面全面发展，在不知不觉之间便赶超了越州。五代时期，钱镠在吴越之地建立了吴越国，他把杭州治理得有声有色，似乎在此时，杭州和越州哪个好的问题已经有了明确的答案。这个答案也为之后宋高宗赵构定都杭州埋下了伏笔。

# 不分高下，江南自古繁华

杭州与绍兴这两个兄弟城市的竞争关系最激烈的时候是在南宋，当时杭州与绍兴都在竞争南宋的都城之位。这时，杭州的发展达到鼎盛，彻底超越了绍兴。成为南宋的都城。但绍兴并没有因为被杭州超过而走向没落。相反，随着杭州的发展，绍兴也越发繁荣。

宋建炎四年（1130）四月初九，天朗气清，惠风和畅，阳光如软金涌动在越州（今绍兴）诸暨的山林中，正是一个难得的好天气。这年三月，韩世忠领兵在长江黄天荡（今属南京市栖霞区）击退金兵，金兵撤离江南地区。在温州沿海漂泊许久的赵构得到此消息后终于放心上岸，来到越州。

到达越州时，赵构又渴又饿。这时，他看到一片绿树中红意点点，原是越州诸暨的特产樱桃。他不动声色地咽了咽口水。他已经好些天没有好好吃东西了，这樱桃一看就好吃。

赵构接过身边伺候的人呈上来的樱桃，刚咬一口，酸甜可口的果汁就溢满口腔，果肉细腻柔软。漂泊海上那么久，樱桃虽是寻常物，稍有家资的百姓也能吃到，但在此时也成了难得的美味。这让日后定都临安的赵构有些想念。

宋建炎四年（1130）四月，越州州治。

赵构穿着龙袍，手捧高香，走向行宫外的设厅。前几天他就让人把这里改成明堂，他要行祭天祭祖大礼。

正值春天的越州，杨花纷飞，莺鸣鸟啼。金兵终于不再穷追猛打，大宋官民终于能有一点喘息的时间。

公元 1131 年正月初一，在越州，赵构率领文武百官遥拜徽、钦二帝。他没有接受大臣的朝拜和祝贺。此时，他想起唐德宗为了躲避"泾原兵变"，从长安逃到梁州。为了让大臣和百姓明白不是自己把江山拱手让人，而是为了更好治理国家，特意将"梁州"改为"兴元府"，地位和京都长安一样，都是当时首都。

于是，赵构就想效仿唐德宗，首先要做的就是给"越州"改名。这让赵构犯难了：叫什么好呢？他心想，既要突出我对这个地方的重视，又要表现出我有意图收复河山。

这一晚，赵构在行宫辗转反侧，半夜突然惊醒，想到"绍奕世之宏休，兴百年之丕绪"这句话。"绍"是继承的意思，"兴"就是中兴、振兴。他想让臣子百姓相信，他有继承宋朝大业的意志，有中兴王朝的决心。

于是第二天，他召集文武百官到自己的行宫。正值年下的越州十分湿冷，即使进入宫殿中也不暖和，诸位大臣都冻得瑟瑟发抖。

赵构问他们知不知道"兴元府"的由来。宰相黄潜善心想：这不是唐德宗在梁州避难时，为梁州改的名字吗？官家这是想要收买人心啊！于是，他连忙叩头称赞赵构是贤君，百官还在茫然之中。

黄潜善毕恭毕敬地磕头，启奏说道："皇上，唐德宗是为重整山河，给臣民打气。如今您要效仿古代贤帝，臣可否斗胆一问，您给越州赐了什么名字？"

赵构沉吟片刻，当即宣布将越州改名为"绍兴"，升为"府"，府治就设在山阴县，下辖山阴、会稽、诸暨、萧山、余姚、上虞、嵊县、新昌八县。绍兴府暂时成了南宋的行在。大臣和百姓看到了宋高宗意气风发，想要重整山河的决心。这样的热血让湿冷的南方有了温度。

赵构为了表现自己不忘中原之心，同时还改元绍兴，在绍兴足足待了一年多。美食美景也享受得差不多了，他才开始意识到绍兴的局促。几次想要扩建行宫也因绍兴起伏多变的地势，无法大兴土木。皇宫都无法扩建，更不要说整个城市了。

绍兴七山一水二分田，多山地丘陵，地形不利于金兵跑马，大军驻扎给了赵构极大的安全感，他在绍兴待得还是很安稳的。只有一点，绍兴的位置太过偏僻，不够繁华，漕运很不方便，大批官员、军队在这儿集中，物资供应得不到保证。

绍兴不适合作为都城，赵构把目光投向了杭州。

杭州河湖遍布，交通便利，金人的骑兵也无法驰骋。且自唐、五代以来，杭州经过多年开发，已成为全国有名的经济繁荣和文化荟萃之地，十分繁华。欧阳修在《有美堂记》里这样描述杭州："独钱塘自五代时……不烦干戈，今其民幸福完安乐……盖十余万家……可谓盛矣！"在南宋定都之前，杭州就已经是江南人口数量最多的州城。宋仁宗在《赐梅挚知杭州》中赞美杭州为"东南第一州"。

杭州是名副其实的鱼米之乡，物产之丰，能够满足朝廷的需求。

　　宋绍兴元年（1131），赵构将杭州升为临安府，并于十一月初五日下诏将行宫迁往临安。宋绍兴二年（1132）正月初十日，赵构一行人从绍兴出发，在十四天后到达临安府。四月，下诏将绍兴府行宫复作府治，并言："时方艰难，若不赐与，则须别建，赐之所以宽民也。"绍兴失去了临时都城的地位。

　　宋绍兴八年（1138），南宋定都临安府，实为"行在"。

　　但到了临安之后，赵构依旧会想念绍兴的丰盛物产和醉人美酒。

　　宋绍兴十年（1140）四月，春光明媚，赵构正在临安行宫中的御花园内赏花，一名小黄门来报："官家，刚刚传来消息，韩世忠将军与金兵一战又胜了！"

绍兴下管樱桃园

"韩将军黄天荡大捷那年，绍兴的樱桃长得很好啊！"小黄门以为赵构想吃诸暨樱桃了。于是，他立刻细细吩咐下去，让人到诸暨购买新鲜的樱桃。

第二天下午，赵构就见小黄门端出一个青瓷果盘摆在他面前，果盘上赫然是几根新鲜的樱桃树枝。

"官家，请赏樱桃。"小黄门笑着说道。

赵构取了一颗樱桃填进嘴里，细细品尝："这味道仍和当年一样甜。"

随着"请赏樱桃"一事的传播，诸暨樱桃在临安城火了。临安人口众多，百姓们都想尝尝连官家都赞赏的诸暨樱桃。一时之间，寻得商机的商人纷纷自绍兴运来诸暨樱桃。同时，绍兴的其他物产也随之销往临安乃至全国各地，绍兴也随之越发兴盛。

两地商贸兴旺的背后除了互通有无外，还有更多人口、文化之间的交流。从秦汉时期，人们就喜欢将两座城市相比较，在文化的潜意识中人们形成了两城需要一较高下的思维模式。但其实，两城的关系早已从竞争走向了共同繁荣。

# 参考文献

1. 〔清〕彭定求等编：《全唐诗》，中华书局，1960 年。

2. 〔元〕脱脱等：《宋史》，中华书局，1985 年。

3. 〔宋〕施宿、张淏：《（南宋）会稽二志点校》，安徽文艺出版社，2012 年。

4. 王水照：《传世藏书·集库》，海南国际新闻出版中心，1997 年。

钱
塘
朋
友
圈

**HANG ZHOU**

# 苏州与杭州：上有天堂，下有苏杭

　　自称"苏杭两州主"的白居易曾有言："江南名郡数苏杭。"苏杭并称的原因，不仅是一条运河连接了南北，也不仅是两地繁盛兴旺，还有文人群体的游览范式和江南风景的文化符合。南宋诗人范成大在《吴郡志》中写道："天上天堂，地下苏杭。"他将苏州和杭州一起誉为"地上天堂"。然而，在白居易和范成大对苏杭大加赞赏之前，苏州和杭州的关系就亲密纠缠很久了。两座城市从不共戴天的敌国关系，变为共同发展，相互学习的友好城市，最后成为江南的审美范式，成为人人口中的"苏杭"用了千年的时间。

# 两座城，不打不成交

苏州和杭州的缘分由来已久，属于同宗同源，都在太湖平原，是"古扬州之域也"。地理位置的相近使得它们气候相同，对此，浙西有谚语称："苏杭两浙，春寒秋热。"但两座城市的交往显然不似同处一个平原那般简单，苏州和杭州在经济上虽始终保持向前发展，但在建城之初两者关系并不融洽，甚至其间还发生过几次战争。

春秋时期，吴王阖闾在从越国抢来的土地上修筑了阖闾城，即今天的苏州城。不久后，位于越国的余杭也不断发展壮大，成了吴越两国相争的对象。吴越之间争战不休，苏、杭两座美丽的城池在吴越两国间几度易手。

太湖平原在吴王阖闾的治理下，城池乍起，人民安居乐业。吴王阖闾的城墙如今还留在苏州境内。杭州此时属于越国，位于吴国旁边，还只是一个亟待发展的狭小村落。

周敬王六年（前514），吴王阖闾站在太湖边上，欣赏着这片他新打下的江山。看着新建成的雄伟都城，阖闾满心欢喜，将自己的名字阖闾赋予新城，称之为阖闾城。阖闾城周长四十七里二百一十步二尺（约合今制23.9公里），设有陆门、水门各八座，以此象征天八风和地八聪。

而此时的杭州不过是越国的小县。就在此时，人们很难将这两座云泥之别的城市联系在一起。可世间的事，往往就是如此不可思议。二十多年之后，一场战争，就将两座城市紧紧联系在了一起。那一战，新吴王夫差于夫椒打败越王勾践，杭州从此归属吴国，处于阖闾城的管理之下。

而后越王勾践卧薪尝胆，十年生聚，富国强兵，终以三千越甲击败吴国。越国不仅夺回了被吴国抢走的杭州等地，还最终灭亡了吴国。越国的都城本在会稽（今绍兴），在灭亡吴国后，越国将自己的都城搬到了吴国的都城（今苏州），把新的都城即现在的苏州称为会稽。

从此，古杭州和苏州便正式联系在了一起。这两座城市之间虽也有过兵临城下的战争，两国人民也曾视对方为敌，但最终还是拥有了同一政权，成为共侍一君的两座城市。

到秦王平定江南之乱后，设置了会稽郡。原吴国的都城阖闾城被秦国改为吴县，成为会稽郡的郡治。在吴越交界处，设置了钱唐县和余杭县，两县同属于会稽郡，

越王勾践剑

归吴县管辖。在发展之初，想来都是将这两座城市并举，共同管理，相辅相成。

到了东汉顺帝永建四年（129），会稽郡经济发展起来，人口户数过多。于是，东汉朝廷以钱塘江为界，将会稽郡一分为二，钱塘江以东为吴郡，以西为会稽郡。钱唐县（今杭州）归吴郡管辖，郡治就在吴县（今苏州）。

三国时国家分裂，战事不断，而钱塘县治始终不变。直至南朝梁时钱塘县因地处钱塘江要冲，商船云集，经济文化发展起来，升格为临江郡，陈时改称钱塘郡。此时，杭州独立成为郡治所在地，才不再归属苏州管辖。

但隋朝时修筑的京杭大运河又将苏杭两地紧紧地联系在一起。

# 一条运河让两座城分不开

京杭大运河的修建和多次扩修，让两座城市凭借得天独厚的交通条件坐实了江南水乡的位置。便利的水路、陆路更是为两座城市的商业发展提供了向前快速发展的基础。因为地处肥沃平原，土地易于耕种，因此两地物产丰富，经济变得富庶。

隋开皇十一年（591），杨素平定江南叛乱后，因苏州古城在战乱中被毁，于是在苏州古城城西南横山（即踞湖山，俗称七子山）与黄山（即今横塘附近之黄山）之间另建新城，并将苏州州治、县治也一同移到新城。同一年，杨素调集民工在钱唐县柳浦西（今杭州江干一带）创建了杭州州城。州城倚凤凰山而筑，周围三十六里九十步。南扼钱塘江，北控平原。杭州第一次有了自己的州城，为后世杭州城城区的发展奠定了基础。

同一年，杨素在江南筑了苏州和杭州两座城，未来的地上天堂在此生长萌发。

苏杭两城建成后，经济越发繁荣。隋大业六年（610），隋朝在杭州修建了上塘河和余杭塘河，并与江南运河整体相接。自此，苏州和杭州之间的水道直接贯通，交通越发便利。从杭州运往当时的京城洛阳的粮食等物要经过苏州，而洛阳的官员要前往杭州也必须经过苏州，两地人员往来越发密集。

到了唐末五代时期，吴越王钱镠占据杭州。他两次派遣民工筑罗城。唐昭宗大顺元年（890），扩展隋唐杭州旧城西南部。唐昭宗景福二年（893）扩展杭州旧城的东北部。两次扩建后的杭州城，西起秦望山，沿钱塘江至江干，濒钱塘湖（西湖）到宝石山，东北面到艮山门。形状犹如腰鼓，又被称为"腰鼓城"。

而"苏州扼三江五湖之地，一日不得，杭州岂能安乎"，因为苏州是吴越国首都杭州的北面门户。苏州与杭州之间无险可守，一旦让敌人控制苏州，杭州门户洞开。且苏州富庶，能为杭州提供足够的财力物力。为此，钱镠全力争夺苏州，将苏州纳入囊中，并派钱氏宗室子弟担任苏州刺史，管理苏州。

此外，为了加强防御，守住苏州，钱镠还召集民工用砖石修筑苏州城。完工后的苏州城，城墙高二丈四尺，厚二丈五尺，城里城外都挖有深深的壕沟。这是苏州有砖砌城墙的开始。

钱镠以一己之力组织兴建了杭州城和苏州城。看着

苏州大运河

苏州和杭州都修筑成了坚固的城池，钱镠总算放心了。苏杭经过战争实现统一而治，再次连接起春秋时期就已发生的缘分，成为密不可分的友邻城市。

　　苏州和杭州在身为吴越王的钱镠的治理下，逐渐走上了和而不同的道路。两座城市都开始加快发展的进程，大运河的开凿又为它们的发展提供了一个推动力。这一时期，苏州不论是名声地位还是经济实力，都要强于杭州，但杭州也一路追赶，直至超过苏州，成为北宋仁宗时期的"东南第一州"。

# 寒山寺和白沙堤

苏杭不仅是地理位置相近和交通相连的两座城市，在古代文人墨客心中，苏杭也是他们的精神家园，是江南审美的典范，是精致生活的集合，是一切诗酒年华的见证。

而早在春秋战国时期，苏杭原本是水火不相容的两座城池。之后，苏州又在吴王战败的低迷中蒙上了悲伤的色彩。直到唐代，文人之间盛行游历之风。所到之处必是古迹名胜，不然就是风景绝佳。就在此时，苏杭已经成为文人必到之地。甚至引得白居易在少年时就发出过感叹："他日得一郡足矣！"

贞元五年（789），张继刚写出"姑苏城外寒山寺，夜半钟声到客船"的诗句。文人还没来得及游苏州，送给杭州刺史的诗句就传遍了天下，"荷花十余里，月色攒湖林"。

韦应物来苏州已经一年多了，看似每日焚香冥坐，清静无为，实则为苏州百姓做了很多事。苏州从唐初开始就日渐繁华，即使经历安史之乱也不改往日兴旺。前段时间韦应物写了一首《登重玄寺阁》，便引来众多文人游览。

而如今，他刚刚治理好太湖南岸，不由得感叹"吴中盛文史，群彦今汪洋"，更是将山明水秀、物华天宝、人文荟萃的苏州推向了唐代文人必游之地排行榜的巅峰。

其实，此时的杭州和苏州很相似。杭州的营造师傅

白居易

来自苏州，杭州的新奇物件也来自苏州，文人也喜去杭州看潮赏景，但就是没有人将这两个城市联系在一起，更没有人想到将两个城市并称起来，甚至韦应物都没有想过，但是某人来了就不一样了。

此人就是房孺复。

时人盛传此人是王侯将相之后，其实他不过是性情豪爽，好饮酒作诗，就和韦应物结成好友，两人常常一起游览宴饮唱和。加之韦应物的山水诗恬淡高远，清峻简阔，将苏杭的山水写得意境悠远，就在这两人任职苏杭期间，引来了众多文人一起宴饮酬唱。

有一次，房孺复听说韦应物治理苏州全靠参禅打坐。房孺复便取笑韦应物不住官府住寺庙。韦应物确实参禅打坐，但求的是心静，这可不是消极避世。韦应物一定要请房孺复去自己常住的禅院体验一下。没想到房孺复对韦应物说："那就去寒山寺吧！"

当晚两人就宿在了寒山寺，没带仆人随从。

第二天，一首《宿寒山寺》在苏州文人圈中流传开来，这一两年中，文人都学其礼佛打坐，且听寒山寺的夜半钟声了。

霎时间，寒山寺似乎成了苏州的代名词。从前张继眼中"姑苏城外寒山寺"的凄冷之境，变为了今日"韦苏州"执政为民、参禅打坐的清净之地。

贞元五年（789），顾况上任途经苏杭时，与韦应物、房孺复、韦儇、刘太真相互唱和。那首"荷花十余里"的诗句就出自顾况的《酬房杭州》中。在不知不觉间，当时的人们形成了一种潜意识：江南之游如要成行，定要游苏杭，缺一不可。时间久了，潜意识就成了定式。

而二十年后，苏杭迎来了白居易。他是苏杭美景最大的粉丝，他是将苏杭定式名扬天下的人。

唐长庆二年（822），白居易自请外放，任杭州刺史。他没想到儿时最美的期望竟然实现了，他真的做了杭州的父母官。

在杭州期间，白居易疏浚六井，治理西湖，为杭州百姓解决了很多实质问题。当他在春日之中看到自己的杰作时，不禁赞叹着"最爱湖东行不足，绿杨阴里白沙堤"的美景。他夸赞杭州："灯火家家市，笙歌处处楼。无妨思帝里，不合厌杭州。"

西湖经白居易的治理风景大好，西湖游人越来越多，有杭州百姓还有慕名而来的游人。连着西湖的两岸翠柳和亭台楼阁似乎成了杭州风景的范式，加深了当时文人

寒山寺

对江南风光的印象。

在离任杭州刺史时，白居易在《别州民》中提到自己给杭州留下了一湖水。这湖水就是西湖。白居易还在西湖中种植莲荷，在白堤上种植桃李。白堤又名白沙堤，是白居易修筑的西湖大堤，蓄水可灌溉千顷农田。见到白居易笔下的杭州，"望海楼明照曙霞，护江堤白踏晴沙。涛声夜入伍员庙，柳色春藏苏小家。红袖织绫夸柿蒂，青旗沽酒趁梨花。谁开湖寺西南路，草绿裙腰一道斜"。

白居易离开杭州不久，又上任苏州。杭州有西湖，苏州有太湖，两地地理环境相似，白居易选择了相似的治理办法。唐敬宗宝历二年（826），白居易在苏州主持修建的山塘河堤小道即将竣工，起名为武丘路（即现今的山塘街）。

这条路东至阊门，而这里就曾是吴王阖闾的城门。白居易写下的一首《登阊门闲望》就成为苏州新的推荐语。这"十万夫家供课税，五千子弟守封疆"的富庶之地吸引了不少文人来此游览。

等到要离任之际，白居易写下了一首《忆江南》正式将苏杭并称，他称自己为"苏杭两州主"。在他心中，最忆是苏杭。苏州的寒山寺和阊门，杭州的白沙堤和西湖，就是江南最好的风景。

在白居易的大力推荐下，大唐文人学着白居易在杭州"策马度蓝溪"，在苏州风光看"处处楼前飘管吹，家家门外泊舟航。云埋虎寺山藏色，月耀娃宫水放光"。从此，唐代文人开始依照白居易诗歌中的苏杭，开启他们的胜游。

白居易品评苏杭两地的诗文被两地百姓喜爱并传颂。一地的山水风物的美，总是要经过一些大诗人、大画家慧心独具的品评，才能够"经典化""文学化"，从而广为传播。正是白居易首开苏杭并提的源头，正如范成大在《吴郡志》所说："眷眷此邦甚厚，则知吴在当时为名邦乐国，能使贤者思之而不忘。"这也为后来"上有天堂，下有苏杭"谚语的出现奠定了基础。

# 参考文献

1.〔宋〕庄绰著，萧鲁阳点校：《鸡肋编》，中华书局，1983年。

2.〔宋〕耐得翁：《都城纪胜》，浙江人民出版社，1983年。

3.〔唐〕陆广微：《吴地记》，江苏古籍出版社，1986年版。

4.〔后晋〕刘昫：《旧唐书》，中华书局，1975年版。

# 扬州与杭州：古运河畔上的双子星

　　唐代中后期，经济重心开始南移，这时的扬州已经是东南经济区的中心城市。唐末五代至宋初，扬州经济呈现出一种"衰落—复兴—再衰败—再复兴"的曲折发展历程。北宋时，运河上与扬州并称双子星之一的杭州发展迅猛，一举超过扬州，成为江南重地。

　　扬州逐渐失去了唐时在城市格局和区域经济中的优势地位，但仍保有襟江、控海与扼河的独特区位，虽不及唐时繁盛，亦不失为江淮间一重要都会。

# 从江东混战说起

扬州和杭州靠着地理优势一直都是兵家必争之地。从军事的角度看两城的地位并驾齐驱。"分"就是江北、江南两个中心城市，"合"便能掌控整个江东地区。

可战争是暂时的，城市发展还要看历代的治理方案。唐时，扬州是除长安外最繁华的城市。时人说着"扬一益二"，是对这座城市无尽的向往。要是谁能做上这里的知府，那可是天下第一的肥差。

此前，杭州的发展一直在学习扬州，渴望找到一种扬州模式。但是五代时期的江东混战让扬州逐渐走向衰败。一直学习扬州治理模式的杭州，却在北宋时期成为

瘦西湖

扬州复兴的模板。

而两座城市的缘分还要从唐景福元年（892）的六月说起。

当时唐王朝的统治危在旦夕，四方起义，天下分崩离析。谁能在群雄争霸之时抢到扬州，可谓抢到了一块风水宝地。

这一年，杨行密再入扬州，唐昭宗封他为淮南节度使。这一年，董昌离杭赴越，钱镠和董昌在浙江形成对峙局面。如今，杨行密占据扬州，明明是好事，他却看着扬州城日日发愁。

要怪只能怪唐光启三年（887）的战乱。

五年前，扬州兵变，将领秦彦造反，杨行密就以讨伐之名，兵临城下。他日夜都想将扬州收入囊中，如今终于找到机会攻打城池。他当时精神抖擞，信心满满。可就是这一场兵变，让原本繁华的扬州人口锐减，曾经的大都市在萧条和恐慌中日渐衰落。

不知道是不是当时杨行密在城外步步紧逼，导致城内叛军无路可走，才会有破城看见的那一幕。这是杨行密此生不能忘记的，原本繁华、夜夜笙歌的城市，如今只有百余户。而且城中尸横遍野，人烟断绝，荆榛蔽野。

后来杨行密才知道，那是叛军秦宗权眼看军中粮草告急实行惨无人道制度的后果。当时城中无粮，居民大半饿死。

即使是五年之后，杨行密统领扬州、南京，他也不能忘记这件事。百废待兴是每个战后城市面临的大事，杭州也不例外。

钱镠在擒住董昌后，将越州归入自己的领地。如此，杨行密和钱镠就稳定了江东的局势。如果从往日情势看，杨行密有着富饶的物资，扬州百姓安居乐业，人畜兴旺，迟早有一天会将南方的杭州和越州吞并。

曾经的杭州还不过是个钱塘县，而越州虽然繁华，但此地多山，交通闭塞。杨行密开头没将钱镠放在眼里，曾数次率兵攻打杭州，可是都毫无结果。

最后，杨行密也只好作罢。原本他以为自己拿到以扬州为中心的两淮地区是拿到了一手好牌。可经过常年战乱的大洗牌，杨行密在改革和治理上已经有些力不从心，加上他英年早逝后又没有得力的子孙，权柄就转移到了权臣徐温的手中。旧党诸子纷争对扬州的破坏力比他们的治理力度还要大，这就让扬州这座城市的发展速度慢了下来。

而另一边，钱镠任镇海、威宁两军节度使，建国吴越。他一边修城增强军事防御，一边筑海塘对抗自然力量，真正做到让杭州百姓安居乐业。如此，当时诗僧贯休才献给钱镠一首《献钱尚父》："满堂花醉三千客，一剑霜寒十四州。"

北宋时期，扬州已然失去了唐时的优势，在城市格局和区域经济中都难保"扬一益二"的地位。但是，扬州依然拥有襟江、控海与扼河的区位优势，虽不及唐时繁盛，亦不失为江淮间一重要都会。此时，在一个外任地方官眼里，扬州是个充满归属感的地方，他需要肩负起治理扬州的使命，他就是苏轼。

既然扬州不及杭州繁华，那就把杭州的治理方式搬到扬州来。从此时开始，这两座城市的命运就紧紧联系在了一起，它们日后就是大运河上的双子星。

# 打造运河双子星

## 苏轼一来，邻里笑

北宋时期，扬州多有治理地方的贤能，但他们大多是贬官至此。所以扬州的发展也是断断续续的，直到苏轼来到了扬州。

他曾两任杭州，其间浚西湖、修水利、救水涝、治旱灾，政绩斐然。杭州在他的治理下，也取得了比之前更加繁荣向上的成果。西湖恢复了往日的荣光，不负"西子"盛名。杭州此时作为江南重镇，无论经济还是政治，发展势头都十分迅猛。

可是同为双子星的扬州却劲头低迷，隐隐有落后杭

扬州"东关古渡"的牌坊下的运河"申遗"成功标记

州之势。扬州百姓心里也着急，看着曾经同一水平的杭州如今声名在外，家喻户晓，他们心里也羡慕不已。

所以当有消息说苏轼要来扬州任知州时，扬州的父老乡亲们可是个个眉开眼笑。他们早就听说了苏轼在杭州的政绩，并且还知道他是个勤政爱民的好官。百姓心里都盼望着扬州能在他的治理下变得更好。因此，全城百姓都等着苏轼赶紧走马上任。

宋元祐七年（1092）初春，扬州城里百花齐放。

这日，街头巷尾的百姓们欢天喜地，三五个成一团，正凑在一起聊天。不为其他，他们听说苏轼要在这天来扬州上任。

众人翘首以盼，但尚在路上的苏轼和随从却浑然不知，只顾乘车赶路。看着窗外景色，苏轼颇有感触。他对这里并不陌生，甚至曾多次前往扬州，这都是因为他的老师欧阳修曾在这里做过知府。上次来还是恩师辞世，他故地重游，去了欧阳修任时所建的平山堂。苏轼追忆起和恩师相处的点滴，一时百感交集。为了表达自己的缅怀之情，他还作了一阕《西江月·平山堂》留念：

三过平山堂下，半生弹指声中。十年不见老仙翁，壁上龙蛇飞动。　　欲吊文章太守，仍歌杨柳春风。休言万事转头空，未转头时皆梦。

对苏轼来说，扬州是有归属感的地方。如今他任职老师曾任知府的扬州，不禁暗下决心一定要在扬州有所作为。由于他有过在杭州做官的经验，对于如何治理沿江城市有着一套自己的理论，势要把扬州治理得如杭州一般繁华。

这样想着的苏轼终于要到了。刚进扬州辖区，苏轼就被路两边长得正好的庄稼吸引住了视线。见此情景，苏轼便不由得和身边的侍从感慨道："看来今年是个丰收年！"

侍从却说："的确是，不过大人您看，路边的那几个人为什么满面愁容呢？"苏轼听后偏头望过去，确实有几个农户打扮的人愁眉苦脸，不知为何。

苏轼决定下车一探究竟，询问后，才知道原来这几个人都是附近的村民。苏轼这下更不解了，问道："庄稼长得这样好，你们该高兴才是，为何面露忧色？"

一个农户语气沉痛地说道："丰收还不如凶年呢。凶年虽然天灾难熬，但只要节衣缩食，我们还能将就糊口。到了丰年，粮食倒是多产了，可还要缴纳往年积欠下的粮税，官家老爷上门来催，不给就一顿棍棒，我们还没被饿死就被打死了。"说到伤心处，农户又深深地叹了几口气。

这件事被苏轼记在心中。又是一番赶路，他终于进了扬州城，一进城才发现百姓夹道欢迎，场面极其热闹。

上任后的苏轼很快就投入到工作之中，他每每想起农户说话时的表情，都心疼不已。他想究竟是遭受了什么样的压迫，才能让这些以种地为生的农户发出丰年不如凶年好的哭诉。

几番调查后，他以一篇《论积欠六事并乞检会应诏所论四事一处行下状》上疏皇上，细数了扬州农民之苦，力劝应该免除农民的历年积欠。若非如此，现行赋税也将收不上来，结果只能是两败俱伤。但他的上书最终被驳回。

没想到刚入夏，扬州一带就暴发瘟疫，死伤无数，而官吏还在家家户户地催逼"积欠"。逼不得已，苏轼只能再次上书《再论积欠六事四事》。他本来都对朝廷不抱有希望，打算自己去找方圆几里的乡绅，劝说他们赈灾捐款。没想到这次的提议却获得了恩准："不论新旧各种积欠，一律宽免一年。"

扬州城里，消息一传来，百姓就奔走相告，大呼："苏老爷，真乃父母官，果然名不虚传。"正因如此，扬州农户的负担才稍微减轻一些，得以在瘟疫暴发的年头喘息一段时间。

这下，扬州百姓可以尽快恢复当地经济。扬州与杭州同为京杭大运河上的两个经济重镇，苏轼必然不能让扬州落后。在这方面，他也是竭尽全力。积欠问题一解决，他的下一个目标就是解决发展不前的航运问题。

于是，他根据杭州的治理经验，在扬州任上着重考察漕运。扬州百姓经常能在运河旁边看见他背手来回走动，边看边记，还时不时询问经过的本地人。大家都说："苏大人来了，以后扬州的水患就走了。"

后面经过和漕运人员的商量，苏轼决定恢复漕运旧法，准许官船的水手们自由买卖货物。这样可以解决船员们生活的后顾之忧，让他们全心全意地工作，更利于航运。因为如果船员迫于生计偷盗，不管偷的是私人财产还是公家财产都会产生不好的影响。这个想法不仅得到了朝廷的认可，也造福了扬州的一方航运百姓。

很快，漕运旧法得到实施，这之后，扬州的航运的确发展不少。由于扬州段航运的畅通无阻，京杭大运河的运输能力得到了充分的发挥。原本扬州就是海上丝绸之路和陆上丝绸之路的交会点，也是著名的东方贸易港口，如今航运得到保障后，扬州的经济更上一层楼。

苏轼帮助扬州的经济发展到了一个新的高度，加上他真诚爱民，扬州百姓对他爱戴不已，也难怪苏轼一来，百姓就笑。

扬州在苏轼的领导下，经济有所缓和，在江南的地位也有所提高，但此时杭州段的运河已经往来频繁，西湖也重新焕发生机，是个名副其实的繁荣城市。扬州相较于杭州，还是有很多不足，亟须更轰动的事件加深扬州的影响力。

### 芍药虽美，狠心停办万花会

《墨庄漫录》记载："西京牡丹闻于天下，花盛时，太守作万花会，宴集之所，以花为屏帐，至于梁栋柱拱，悉以竹筒贮水，簪花钉挂，举目皆花也。"

如何让扬州在众多城市里脱颖而出？苏轼的前一任官员也苦思好久，最终想到了举办"万花会"的主意。

前几年，蔡京受到谏官范祖禹的弹劾，被贬到扬州，担任太守。蔡京看见西京（今河南洛阳）万花会的情景，心生羡慕，便效仿西京，在扬州办起了"芍药万花会"。

西京的万花会由来已久，最早是由钱惟演开始的。当时正值五月上旬，西京城里繁花似锦，但开得最好的还是要属牡丹。牡丹的色和香都是一绝，即使同为红色，也各不相同，有的红得似火，有的却如红玛瑙那样晶莹，

扬州芍药

花香更是沁人心脾，令人陶醉。

顺着主干路往里走，花香越来越浓，沿街都是各色的牡丹，美不胜收，这是一年一度的"万花节"开始了。时任枢密使在西京留守的钱惟演①极其喜爱牡丹，为了方便赏花，他便四处找寻奇花，将它们汇集在西京，以此举办了首个官办的赏花会。其中，牡丹品种最多。

当时欧阳修和梅尧臣等很多文人都在西京聚集。这天，艳阳高照，钱惟演想着"万花节"也开办了几天，不知反响如何，便邀欧阳修前往观赏。

欧阳修虽然听说有此花会，但没想到场面如此壮观，所以当他亲眼见到时还是大吃了一惊。牡丹花颜色各异，品种奇多，他连连惊叹道："如此场面实在令人惊叹，大人是怎么把这么多花聚到一处的？"

钱惟演年长欧阳修许多，见他发问，便和蔼解释道："居士，这还只是一部分，我活了大半辈子，就爱这牡丹，

①钱惟演（977—1034）：字希圣，北宋大臣、文学家，钱塘（今浙江杭州）人。

钱塘朋友圈 HANG ZHOU

162

这些年府上花图所记牡丹能有九十余种，无奈找寻不易，今年只有这些。"欧阳修听完就要拉钱惟演回家去看花图，争执半天，见钱惟演答应逛一圈就回去这才作罢。

一传十，十传百，越来越多的人慕名而来。万花会名不虚传，他们都大呼"不虚此行"。

有百姓认出钱惟演，对身边的人说："快看，这就是举办本次万花会的钱大人，听说是个极爱花的人！"

然后，竟有百姓跪下激动地对钱惟演说："钱大人，您可是我们的恩人啊！我们都是附近的花农，您办花会的花很多都是我们培育的，现在找我们买花的人越来越多，这万花会明年还有吗？"

旁边小贩也应和说："万花会一开，各地的人都来赏花，我们的生意也红火得很！"

钱惟演举办赏花大会本是为满足自己观赏欲，没想到还能给当地百姓带来经济效益。庆幸之余，连忙扶起跪在地上的花农，并向他们允诺说："既然如此，以后就选一个固定的日子，只要我还在任，咱们每年都举办一次万花会。"

就这样，万花会的举办满足了钱惟演的爱花之情，也为当地花农带去了良好的经济效益，一举两得。

后来蔡京在西京见过一次万花会，看见熙熙攘攘的壮观场面后，便有心在扬州也每年办上一次。但在扬州举办万花会可不是件简单的事，光是每年需要消耗的芍药花就足有十几万枝。

苏轼到任时，扬州的万花会还在继续举办。虽然苏轼迫切想要让扬州有所成绩，并以此赶超杭州，但出于不劳民伤财的考虑，还是做了取消万花会的决定。

宋元祐七年（1092）春，扬州城里万花竞放，姹紫嫣红。

而扬州城旁种植着的大片芍药花，更是色彩斑斓，把整个城市映照得格外妖娆。傍晚时分，天边晚霞的余晖照耀着大地，各色的芍药花仿佛镶着金边一样，让人挪不开眼。

过往行人看到后都连连称奇，扬州百姓却不以为然。花农不屑又傲娇地说道："这点花算什么？你若前两年来，那才真是繁花似海，好不漂亮。不过我们大人为了不劳民伤财，决定从今年开始不办了，我这花田看来也得种点庄稼卖点钱喽！"

他嘴里的"大人"正是刚刚上任的苏轼。苏轼虽然也爱花，但身为父母官，怎能只顾自己享受，陷百姓于水深火热之中？

这晚，苏轼正站在桌前给友人写信，你可能要问：为什么不坐着写呢？还不是越写越气，时不时就得停下笔出去走走。写到浪费成风时，信上字体的笔锋都凌厉了些许。想到刚来时看见丢弃满地的芍药花，残花破枝，百姓有苦难言，气得他真是好几晚都没睡着觉。

一段结束，再也写不下去，索性搁下笔，提扇出门透气。此时，明月高挂，院中芍药开得正好，旁边不知谁放了一盆牡丹，两种花，两种风韵，争奇斗艳间让苏轼不由得怔怔出神。

夜转凉了，苏轼的信还在接着写："蔡京为守，始作万花会，用花十余万枝。"写着写着，文风就变成了吐槽："你说蔡京是怎么想的，人家干什么他就跟着干什么，也不看看适不适合。他也不动脑子想想，以扬州现在的实力能办得起吗？这两年糟践的花得几千万枝了吧，百姓都苦成什么样子了，现在我在扬州，可不能眼睁睁地看着百姓受苦，这花会必须得取缔！"

苏轼还真的说到做到，没多久便下令取消了扬州"万花会"。他虽然心里也欣赏芍药，说芍药是"扬州近日红千叶，自是风流时世妆"，但他更爱黎民百姓，认为这花会伤财又扰民，实在要不得。"虽杀风景，免造业也。"

虽然花会被取缔了，但扬州的芍药在当时还是极其繁盛。扬州芍药品种繁多，数量庞大，以至明、清时还有诗人多加赞美。扬州也凭借芍药之盛赢得了很多美名，每逢花开之时，来此赏花的游人依然络绎不绝。

# 三分美景在杭州，三分在扬州

唐长庆二年（822）六月，白居易主动要求任职杭州。在任的三年里，他致力于修缮西湖水事，不仅重修湖堤，还建水闸、修水渠……此举极大地增加了湖水容量，将西湖水利的效益更好地发挥了出来，也解决了数十万亩农田的灌溉问题。后来，杭州百姓为了纪念这位忧国忧民、修整西湖的父母官，便把杭州城西南通往孤山的白沙堤改名为"白公堤"。

白居易修湖的举动对苏轼也影响颇深，使得他在任期间励精图治，造福于民。处于江南地区的杭州常常面临洪涝灾害，茅山、盐桥二河更是每隔三五年就沙泥堆积。于是，苏轼将全部精力用在疏浚上。他还建立了水闸，阻挡丰水季可能流入市区的海潮。而且自茅山运河和盐桥河疏通之后，西湖也重新焕发生机。

在白居易、苏轼等人的治理下，杭州西湖声名大噪。

在三十多岁的苏轼眼里，西湖的美堪比西子。他常与友人相约登高眺望西湖。此刻的他，一身白衣站在山顶，遗世独立，好不洒脱。不过这些在西湖壮阔的魅力面前显得微不足道。见到此种美景，向来狂放的苏轼竟对好友表达了想要栖居在此的意愿，并希望可以长期驻留在这："公卿故旧留不得，遇所得意终年留。"

苏轼是真的喜欢杭州，他将西湖作为可以安放自己那疲惫灵魂的绝好栖息地。远离了波谲云诡的朝廷纷争，又没有繁重的事务，此时是苏轼最快乐的时候。他可以肆无忌惮地游山玩水，西湖也被他赋予了惬意畅快又远离尘嚣的闲适意义。

经过不断发展的扬州，终于在明清时候重新和杭州处于平齐地位。

杭州凭借西湖而成为风景名胜之地，而清朝时期，扬州也出现了一个名扬天下的湖，"城北一水通平山堂，名瘦西湖，本名保障湖"。

清乾隆元年（1736），诗人汪沆从小便在杭州长大，虽说美景三月天，但架不住看了二十来年，难免腻味。

一日和友人相约茶馆，说起近日无聊，一友人提议："咱们去西湖啊，听说这两日的荷花开得正好。"另一友人却反驳道："还去？去得还少吗？你可知道扬州的保障湖，一点不比西湖差！"

听到这儿，汪沆眼里出现了光彩，终于可以外出游玩了，这让他心情大好，茶都比以往多喝了几杯。慕名来到扬州的汪沆，刚进扬州就看见街道上车水马龙，小商小贩叫卖声此起彼伏，不禁感慨："真不愧要烟花三月下扬州啊！"

扬州的繁华程度和杭州不相上下，山水绮丽，各有韵味。

稍作歇息，汪沆几人便叫来店小二询问起这保障湖怎么走。话音刚落，身后那桌的男子就站起来说道："你问我啊，我上午刚去的，我和你说，真是值得一去啊，既有天然美景，又有扬州风格的园林，可谓是大饱眼福。"说完还似回味其中。

瘦西湖

　　最终，还是店里小二告诉了他们路线，见他们是外地人，还热心推荐了几个当地小吃。

　　一行人按店小二指的路找过去，果然没多久就看见前面聚了很多人，想必那就是人人都在说的保障湖了。走近一看，此湖清瘦狭长，能有十余里长，犹如一幅山水画卷，湖边芍药花开，灿烂夺目。

　　游览路上，几人纷纷与家乡的西湖做比较，有说像的，也有说不像的，到了汪沆，他直接脱口而出："垂杨不断接残芜，雁齿虹桥俨画图。也是销金一锅子，故应唤作瘦西湖。"

　　大家称赞连连，这"瘦西湖"起得太过贴切，不同于西湖的大家闺秀，瘦西湖更像是小家碧玉，充满着灵动秀丽。既然来此"瘦西湖"，怎能不租船畅游其间，便两人一船，在湖面游览，怡然自得。

其实，这瘦西湖是由自隋代以来历朝历代修建的护城河连接形成的景观。它始终和大运河水源相通，是大运河的支流，加上两岸风景秀美，才有诗句"两堤花柳全依水，一路楼台直到山"。

扬州也因为有了芍药和瘦西湖，扬名天下万古传，各地的人慕名而来，只为一睹为快。扬州的地位起起落落，但始终和杭州保持并驾齐驱的发展势头。虽然过程中有你追我赶，但它们之间也互相合作交融。因为运河的缘故，漕运是它俩之间最大的联结桥梁，"扬州运盐四千斛赴杭州"便是证明。

# 参考文献

1.〔宋〕苏轼：《仇池笔记》，上海古籍出版社，1992年。

2.〔宋〕张邦基：《墨庄漫录》，中华书局，2002年。

3.吴绮：《扬州鼓吹词序》，明清刻板影印版。

4.刘琳、刁忠民、舒大刚等校点：《宋会要辑稿》，上海古籍出版社，2014年。

5.周汝昌：《周汝昌讲唐诗宋词》，中华书局，2006年。

6.曾枣庄、刘琳：《全宋文》，上海辞书出版社，2006年。

7.周汝昌、叶嘉莹等编：《唐宋词鉴赏辞典》（唐·五代·北宋卷），上海辞书出版社，1988年。

第四章

临安繁华

# 开封与杭州：
## 恍惚间竟不知身处临安还是东京

　　"暖风熏得游人醉，直把杭州作汴州"，南宋诗人林升身在杭州，恍惚间却不知自己是在杭州还是东京汴梁。开封是北宋都城，时称东京汴梁。靖康之变后，宋室南迁，定都杭州，改名临安。一时间，杭州成了一个移民城市。在临安的街头走一走，吃的却是东京美食，听得是东京口音的说书，就连逢年过节的风俗都与东京别无二致。临安继承了东京汴梁遗风，衣食住行、风俗习惯等方面都受到了东京汴梁的影响，与之融合。

# 杭州百姓的东京胃

## 南北之味的融合，从这里开始

俗话说，南人吃米，北人吃面。然而自杭州被称为临安时起，当地百姓却颇爱吃面食。这是因为靖康之变之后，宋室由东京迁都临安，同时将东京的饮食文化带到了临安。临安的饮食文化深受东京饮食文化影响。

宋绍兴二年（1132），一只青瓷大碗装着热气腾腾的面被端到赵构面前，南北之味的融合，从这里开始。

此时南宋政权趋于稳定，外患不严重，内忧被压下，宋高宗赵构得享天下太平。但是赵构这几日都闷闷不乐，食欲不振，再精致的饭菜也只动了两筷子就撤下去了。那日午膳上，连平日里最喜欢的洗手蟹，他碰都没碰一下就落筷离去。

赵构背对大殿，面朝北方，望向天空。天上出现了一只离群的大雁。赵构思绪万千。他想家了，想念那个多次在梦里都要回去的旧都东京。此时正是秋高气爽的好时节，若是还在东京，该有新麦上市，家家户户做面吃。赵构想念家乡的面。

自靖康之变，迁都临安后，赵构便没有再吃到北方口味的食物了。

他是个东京人，口味是典型的东京口味。在对南方食物的新奇劲儿过了后，他还是想吃东京风味的食物，哪怕只是一碗面。

可惜即便赵构身为帝王，想吃一碗普普通通的东京口味的面，也是一件难事。皇城里的一应饮食材料皆是南方供应。虽说临安是鱼米之乡，物阜民丰，新鲜食材众多，可临安到底不是东京，很少有北方的食材，厨子大多也是南方人，做出来的菜色自然也是南方口味。

厨子看着被原样退回，一筷子也没动过的饭菜，心下犯难。他猜到官家可能是思念故都，想吃面食。可这是江南啊！南方本就没有多少人种麦子的，他上哪儿给官家找面去？就算他高价买来了面粉，他自己是南方人，其他的厨子也都是南方人，做东京风味的面食可是难倒他们了！

他想了很久，突然灵机一动，厨子里没有北方人，可是一直跟着官家伺候的不少都是东京旧人啊！那么多人，总有会做面食的。他找来一个从小就伺候赵构的人，请他做了一碗面。那人做面时还特意找来北方特有的大碗，连面带汤盛了一大碗呈给赵构。

赵构终于吃到了东京风味的面，心中十分感动。他说，既然南迁之人多不习惯南方口味，何不用南方食材做北方口味的菜？

这时候的临安虽有很多南迁的北方人，但大街小巷的北方饮食却不普遍。因为南方人不习惯北方口味，街面上的食店还都是南方口味。口味并非短时间能适应的，想当初东京还特意开起南方口味的食店，为那些来自江南的旅人行方便。据吴自牧在《梦粱录》卷一六《面食店》条记载："向者汴京开南食面店，川饭分茶，以备江南往来士夫，谓其不便北食故耳。"

尽管此时已有南北口味的食物同时存在于临安了，

但是他们并没有融合。临安当地开食店的几乎都是南方人。北方人还没有开起食店，他们不习惯南方口味，干脆也不在外面吃，就在家吃。

就是从赵构这一次想家开始，从御厨的人开始，想着如何用当地的食材做出赵构喜欢的味道。这是发生在临安的第一次南北口味融合。长久以来，王公贵胄都渴望尝一尝这样南北融合的味道。

## 南菜北烹，东京临安一羹汇

跟随宋室南迁的东京百姓在临安落脚，为了生计，他们纷纷在临安开起商店、酒楼、茶肆、食店。与此同时，也将中原传统的烹饪技术、东京风味制作以及饮食店的经营管理方法带到了临安。

临安的菜融合了南下"京师旧人"带来的烹饪方法，又保持和发展了传统鱼米之乡的特色，南料北烹，形成

宋嫂鱼羹

了具有鲜明特色的菜系。宋嫂鱼羹就是南北融合的典型代表。

鱼羹的做法其实不难，但是调料奇多，过程复杂，这体现了江南人精致的生活态度。鱼清洗干净后涂抹上少量的盐，加入生姜、酒腌制一会，还要倒进油、绍兴黄酒和姜末等；在锅中依次放入菌丝、笋丝、火腿丝，煮沸后缓缓放入鱼肉、白胡椒、盐等调料慢慢熬。最后，在快要出锅时用淀粉勾芡，鸡蛋只取黄打入碗中，打散后倒进去，快速搅散后就可以盛碗食用了。

常理来说，熬制时间越久，这鱼汤才越浓香美味，但因为是鱼羹，肉的鲜嫩也要考虑，所以时间的掌握就很考验功夫，最后出来的是奶白的一碗。和重口味的东京黄焖鱼不一样，炸完再焖的做法使鱼的肉质更紧实，酱油等调料的加入也使整道菜的颜色更偏酱红，而不是素淡的奶白。

两种做法的区别在于鱼的本味保留与否，地理位置的差异使东京人口咸味重，鱼的做法也就更注重味道的丰富和下饭，而临安沿湖靠海，吃鱼更多是吃鲜，自然在做法上更注重保留鱼的原汁原味。

"新鲜的鱼羹哎，汤鲜肉嫩！"

"快来尝尝！味浓可口，保证你吃完还要！"

"哇！汤好好喝！鱼肉也好吃！"

这是临安夜市里一家鱼羹铺子门口的场景，天色已晚，铺子前依然排着长长的队。

要说这鱼羹为什么如此受人欢迎，这还与宋高宗赵构亲自吃过还赏银千文有关。

话说那时，赵构迁都南方已有一年多了。久闻杭州是个极美的地方，但此前他忙于奔命，根本无暇游山玩水。眼下战事还算稳定，不用再担惊受怕，赵构那颗喜欢奢华热闹的心又探出了头。

那日，他正昂首阔步在热闹的市肆中。沿街全是叫卖声，此起彼伏，整条街都是满满的烟火气。

看到这景象的赵构红了眼眶："如果没有战争多好，那么此时的东京应该也是这样的吧？不，应该比这还热闹！"

他心情复杂地继续往前走着，突然就闻到一阵鱼香，索性顺着香味探寻源处。一行人来到一不大的铺子前，发现一位妇人正在叫卖鱼羹。赵构闻着这鲜美的味道也馋了，赶紧命人买一碗来尝尝。这鱼羹用的是临安本地产的鱼，味道极鲜美。鱼羹的做法却是东京做法，运用了众多调料，工序繁杂。

妇人说话时一口熟悉的东京口音，赵构听到后惊讶不已，便命人上前和她攀谈，几句下来便弄清楚了。这位妇人，人称宋五嫂，原为东京一酒家女子，擅长烹饪鱼羹。金兵入侵后便南迁到临安，迫于生计，她就开了个铺子卖鱼羹。南菜北烹，味道出人意料地好。

宋五嫂的生意不错，但赵构念其年老，特赏她钱千文、银钱百文、绢十匹。此事传开来，后人就将宋五嫂烹饪的鱼羹命名为"宋嫂鱼羹"。

不错，这就是开头讲到的那道南北融合的典型代表，宋五嫂铺子上面的店番上还写着"宋嫂鱼羹"四个大字。不愧是皇帝赞赏过的食物，味道确实鲜美。赵构的品尝引得很多王公大臣纷纷慕名而来，宋五嫂的摊位前门庭若市，生意爆满。那门口排起的长队就是最好的证明。

好不容易出来一趟的宋高宗那次也趁机品尝到了很多美味小吃，边吃还不忘边让身边的侍从把店名和位置记下来。所记食物中大部分都是东京口味的，可见赵构是真的想家了。往后很多次，赵构都命人根据记下的名录前去市场采买。

这么一来，东京口味的食品市场需求扩大，临安当地的商贩们便纷纷模仿起了东京风格，运用东京烹饪技术精心烹调饮食饮品，既满足南方人的口味，又兼顾从北方迁来的人。至此，临安饮食业的经营品种发生了变化。

在赵构的无意促使下，代表着北方的东京饮食文化，与代表着南方的临安饮食文化相互结合，就在临安的食肆与茶店中实现了珠联璧合。

宋室南迁以前，南人吃米，北人吃面，南北饮食差异很大。南迁以后，杭州升为临安府，东京风味更多地融入了临安饮食中，南北交融让杭州百姓养出了东京口味。据吴自牧在《梦粱录》卷一六《面食店》条记载："南渡以来，几二百余年，则水土既惯，饮食混淆，无南北之分矣。"

一碗鱼羹是南北食材和味道的交融。这样的交融从一日三餐逐渐延伸到生活的方方面面。临安府也开启了一场从上至下的生活转变，随着政治、经济、文化、军事地位的猛速提高，社会风俗方面也出现了承袭旧都传统，引进别处新气象的多元融合。

　　"圣朝祖宗开国，就都于汴，而风俗典礼，四方仰之为师。自高宗皇帝驻跸于杭，而杭山水明秀，民物康阜，视京师其过十倍矣。虽市肆与京师相侔……"早在北宋时候，京师东京的"风俗典礼"就对杭州产生过一定影响，到了耐得翁①生活的南宋中后期，临安作为南宋的政治中心已有百余年历史，东京风貌早已与临安结合，诞生出"市肆与京师相侔"的新临安。

杭州风尚 HANG ZHOU

①耐得翁：姓赵，生卒年不详，当为南宋宁宗、理宗时人，其身世事迹无考。

# 直把杭州作汴州

## 南腔北调合为杭音

宋室南迁，大量东京人来到临安，临安街头一时间全是南腔北调混合的声音。最初，"北音"与"杭音"格格不入，东京的乐曲、歌舞讲史等文化艺术也无法融入临安原有艺术体系中。在临安可以清晰地分辨出"北音"和"杭音"两种语音。临安城中南北戏班之间的矛盾也是如此。

东京大量乐师、乐工及乐舞艺人随着宋室南迁，来到临安。他们与临安本地表演艺人共同争夺客源。南北戏班风格不同，语言有异，令双方明争暗斗不断，偶尔还会因为口舌之争大打出手。

这不，傍晚的瓦舍还没开始营业，表演艺人们都在后台化妆、换衣服、开嗓，做着上台前的各种准备。

这时一个北方艺人对一个南方艺人嘲讽道："还准备什么，大部分来看戏听曲的客人都和我们一样是从北方迁来的，说的是东京话，听的是北方曲调。他们都是冲着我们来的。"

虽说现在的情况还真是这样，但面子不能丢，那个南方艺人回道："你们得意什么？来了临安，都没有临安百姓听你们唱。"

你一句我一句，眼看就要打起来了，众人见状赶紧拉开二人。但细想想也不是全无道理。东京人出手阔绰，为表演买单的多是他们。这些歌舞戏曲总得满足他们的需求，让他们听懂才是。偏偏东京人看不懂南方艺人的表演，南方艺人只能看着北方艺人赚得盆满钵满，羡慕得直咬牙。

但另一方面，相对北方艺人来说，南方艺人有着天生的语言优势，能融入临安当地百姓中，受到他们的欢迎。而北方艺人只靠北方移民是远远不够的，想要长盛不衰还得融入当地。

所以，聪明的表演艺人就结合两地特点，产生了很多南北皆宜的作品。

"话说当年……"

南宋杂剧《卖眼药》

"咿——呀——"

"新鲜的凉粉喽！"

"客官走过路过不要错过，进来看一看……"这样的叫卖声不绝于耳，声音抑扬顿挫又高亢嘹亮。

头上火红的灯笼排排挂起，风一吹，高高地摇摆着。这是临安瓦舍一个普通的夜晚。人声鼎沸，灯火通明有如白昼。

此时，有一妙龄女子望着一处勾栏，手撑着脑袋，在怔怔出神。她叫熊保保，是瓦舍里的表演艺人。那年头女子做表演艺人虽不是个稀罕事儿，但还是时常有人对她指指点点。可她眼下根本无暇顾及那些，当务之急是赶紧找个法子留住客人。

如今临安城中的北方人越来越多，听北方曲调表演的人也越来越多，反之，听南方曲调的则越来越少了。熊保保原本专攻南方曲调，如今却生意惨淡。眼看着自己那点三脚猫功夫的才艺马上就要没有用武之地了，她怎么能不着急呢？

就在这种状况下，她听见了诸宫调，不属于南方的唱调吸引了她。表演的人是个年纪不小的高个头男子。经他介绍，熊保保才知这种曲调的创始人是泽州（今山西晋城）艺人孔三传。

孔三传活跃于北宋时期的东京，也是个说唱表演者。他在每天的演唱中发现了曲调的奥秘，就将唐、宋以来的大曲、词调、绕令以及当时北方民间流行的乐曲和上党曲调搜集起来，按其声律高低，归纳成不同的宫调，就形成了现在的诸宫调。这种曲调演唱起来变化无穷，丰富多彩。

熊保保听得入了迷，却看见男子的勾栏里只坐着零星几个北方人，她自言自语道："这调也太好玩了，以前都没听过。就是这人的腔调一听就是东京人。只怕不太受南方人喜欢。若是这曲调能再柔和些就好了。"

她突然坐直身子，仿佛在困境中看见了商机，说："我是南方人，若是学会了诸宫调，不就可以往里头融入南方的曲调？南北结合，这事若能成，想必大受欢迎。"

等不及男子一曲结束，她便大大方方地跪下恳求拜师学艺。男子看熊保保乃一介女流，本不愿收她为弟子。但在她坚持不懈地恳求下，无奈松口，答应让她试试。

就这样，熊保保跟随该男子学习诸宫调。学成之后，她又融入了南方曲调的精华，每天都刻苦磨炼自己的技艺。

皇天不负有心人，经过努力和坚持，熊保保成了临安一带有名的艺人，她的后辈也从事此行业。吴自牧记载："说唱诸宫调，昨汴京有孔三传编成传奇灵怪，入曲说唱。今杭城有女流熊保保及后辈女童皆效此，说唱亦精。"

还真如熊保保所想，她的唱腔结合了南北特色，一经唱开，便受到了大家的一致好评。诸宫调的传唱人除了熊保保之外，还有高朗妇、黄淑卿、王双莲、袁太道等人。

随着部分北方人在临安定居，北音逐渐融入临安百姓的生活中。临安商贩叫卖的声调也开始融入北音，杭音与北音不再格格不入。据宋人吴自牧《梦粱录》卷一三《天晓诸人出市》记载，临安"填塞街市，吟叫百端，如汴京气象，殊可人意"，即当时临安街头如东京一般，满是"吟叫"。

"吟叫"又称"叫声"，是东京市井流行的一种叫卖东西时说话的腔调。耐得翁在《都城纪胜》中说："叫声，自京师起撰，因市井诸色歌吟卖物之声，采合宫调而成也。"这就有点类似于我们现在讲的方言，因为东京曾是首都，那它的腔调就是"京腔""官话"，好比今天所讲的普通话，是整个宋朝学习的标准语音。在外地，讲东京话是会受人敬重的。即便到了临安，皇帝还是东京口音，官方语音仍以皇族为重，自然东京话就在临安蔚然成风。

临安的街市也和东京一般，以"吟叫"来售卖货物。"今街市与宅院，往往效京师叫声，以市井诸色歌叫卖物之声，采合宫商成其词。"东京吟叫的叫卖方式传遍整个临安城，为当地的说唱艺术增加了一个新的表现形式。

这些文艺表演的南渐北迁不仅促进了临安当地文化的多元发展，还为南宋文坛的重建创造了条件，更成为南宋文学灿烂的重要背景。

## 东京旧俗成杭风

宋隆兴元年（1163）五月，又是一年之中游湖的好日子。殿内殿外一片热闹，众嫔妃个个打扮得花枝招展，生怕被别人比下去，文武百官也准备就绪，立在一旁等待着宋孝宗。

不一会儿，人群中就开始喧哗起来，原来是刚刚有人下来传旨说："因为忠臣岳飞刚获平反，所以特意将此次游湖活动大办，以慰民心。"就这样，游湖又往后推迟了两天。

绍兴三十二年（1162）七月十三日，岳飞得到平反并恢复职位，同年十月十六日"追复少保、武胜定国军节度使、武昌郡开国公"。刚刚登上皇位的宋孝宗也因此笼络了不少军心民意，趁热打铁，这时举行庆祝岳飞平反的活动更是民心所向。

所以这天，临安人在西湖看到这样新奇盛大的场面：湖水面上数条龙舟，载着帝王将相、宫女嫔妃。竞舟活动一开始，就锣鼓喧天，众人都跟着加油鼓劲。

这竞舟夺标还是东京的传统，特意加在此次活动项目内，意在安慰在东京长大的太上皇宋高宗。往后，这

南宋李嵩《天中戏水图》中的大龙舟

種以皇室享乐为主的活动经常举办，临安人也由此进一步见识了曾经东京的盛世风采。

游湖累了，可以到湖边的酒楼或饮食店铺休息。

走进这些店铺，就能看到家家门口都悬挂着火红的大灯笼，楼梯上铺着长长的红地毯。甚至店铺门口还会放置两头大石狮子。据宋代临安府钱塘（今浙江杭州）人吴自牧《梦粱录》记载："如酒肆门首，排设杈子及栀子灯等，盖因五代时郭高祖游幸汴京，茶楼酒肆俱如此装饰，故至今店家仿效成俗也。"临安的这些门面装饰效仿的是东京的茶楼酒肆，而后逐渐发展成临安风尚。

这些店铺的室内装潢和东京的也是一脉相承。吴自牧曾在《梦粱录》中记载："汴京熟食店，张挂名画，所以勾引观者，留连食客。今杭城茶肆亦如之，插四时花，挂名人画，装点店面。"

在店铺里张贴画作，以此来招揽顾客。偶尔还伴有鲜花，这样可以增添高雅的文化气息，既彰显了主人的艺术造诣，也体现了顾客的欣赏品味。所以顾客纷纷上门，流连忘返，店铺因此得以生意兴旺。甚至有的店铺还挂有名人字画，这样想要大饱眼福的人也会进店光顾，就这样转一转，店里的生意也会增加很多。

这种东京的室内装潢由东京人带到了临安，在临安得到发扬光大。不仅是在熟食店，现在连茶肆也是如此了。

除了游湖等事，临安的年节习俗也与东京时俗相融。如除夕时节，据周密《武林旧事》记载，临安"呈女童驱傩，装六丁、六甲、六神之类，大率如《梦华》所载"。皇宫仍会按在东京时的习俗举行隆重的大驱傩仪式。腊月初九会有"鞭春"习俗。到上元夜夜深人静时，甚至还有一些人遵循东京的过年习俗出来活动。如"扫街"，即打着灯笼到路边捡拾路人掉落的物品。往往有所收获，捡到些女子遗失的耳环之类的东西。比如七月七日的"七夕节"，着新衣、设酒筵、置摆设、馈赠物品等活动，乃东京流传，至今不改。

皇城的迁徙也势必会对当时的节日风俗产生很大的影响，这些南北风俗的第一次大融合对后来的杭州文化发展也具有深远意义。

南宋临安作为北宋东京的延续，承袭了东京的文明，传播了东京的文化。从饮食到习俗，都是"东京气象"，几乎就是将东京搬到了临安，恍惚之中，还真是分辨不出。宋室南迁临安，创造了南北第一次彻底的文化大融合，为后世研究提供了条件。

衣食住行，娱乐文化，时俗风尚，临安处处与东京融合，难怪诗人林升会在《题临安邸》诗中感叹把杭州当成汴州了：

> 山外青山楼外楼，西湖歌舞几时休。
> 暖风熏得游人醉，直把杭州作汴州。

# 参考文献

1.〔宋〕吴自牧:《梦粱录》,三秦出版社,2004 年。

2.〔宋〕孟元老:《都城纪胜》,中国商业出版社,1982 年。

3.〔宋〕岳柯编:《鄂国金佗稡编续编校注》,中华书局,1999 年。

4.〔宋〕周密:《武林旧事》,中华书局,2007 年。

5.〔宋〕孟元老:《东京梦华录》,中州古籍出版社,2010 年。

6.刘琳、刁忠民、舒大刚等校点:《宋会要辑稿》,上海古籍出版社,2014 年。

7.徐吉军:《论汴京对临安都市文化的影响》,《中国古都学会第五、六届年会论文集》,中国古都学会,1987 年。

钱
塘
朋
友
圈

H A N G

Z H O U

# 泉州与杭州：
## 城市舶来品商圈的兴起和陨落

泉州和杭州都是临海城市，一个紧靠杭州湾，一个面临台湾海峡。相对杭州而言，泉州在中国的更南方。早在唐朝，泉州就已经是重要的港口城市。北宋时期，商业进一步发达，泉州更是成为当时中国拥有最多舶来品的地方，而杭州作为市舶司所在地，沟通着北宋朝廷与泉州地方。

从宋朝开始，就有许多大食国商人来泉州做生意，最后还留在这里，甚至入朝做官。南宋时期，杭州成为一国之都后，从泉州港运到杭州的货物更是奢华新奇。直到成吉思汗西征，泉州都仍是南方最大的对外口岸。此时杭州不再是都城，两座城市间的供需关系顷刻瓦解。

宋元之时的泉州和杭州，上演着一段双城记，讲述了舶来品商圈兴起和陨落的故事。

# 世界海洋商贸中心

## 南宋双城记，最大的商业圈

泉州和杭州都是港口城市，两地地理优势十分相似，两座城市的联系也自古有之。商人在泉州与杭州间奔波，这种商业联系在南宋时期达到顶峰。由泉州和杭州构成的商业圈形成了一个海洋贸易中心。泉州港的进口货物变多，而这些新奇的东西几乎都运往了杭州。

这一切都源于宋太宗赵光义的一次夜不能寐。

晋江的入海口风浪平稳，海岸线很长，这里是天然的好港口。早在南朝时候，印度僧人拘那罗陀就在陈武帝永定二年（558）和陈文帝天嘉六年（565）两次到访泉州，并且在泉州西郊的九日山上深研佛法，翻译《金刚经》，向众生传播佛法。

随着港口开放，涌入中国的除了佛法，还有各国商货，以及最新奇的玩意。在唐朝，武则天还在泉州专门设立了外国人办事处，专管海上客商。

到了宋朝，泉州这座城市完成了巨大的蜕变。以泉州城为中心，形成了一个航海贸易圈，从阿拉伯大食国、波斯来的商人在泉州打开了新的商业世界，一条连接"北洋""东洋""西洋"的海上商贸之路，正四通八达。因北宋两浙路舶司设在杭州，故而杭州作为这海上商贸之路的终点站，泉州贸易的舶来品多数都将集中运到这里。宋咸平二年（999），"杭、明各置务"，杭州和明

泉州港

州分理市舶事物。

宋太平兴国二年（977），这一晚，大雨滂沱。

宋太宗赵光义夜不能寐，惊悸忧思。

宫中太医想尽办法也没能让赵光义的病好转起来。就在众人一筹莫展的时候，内侍寻来了赵光义新提拔的起居郎刘昌言，请他令皇帝一展天颜。

刘昌言此次进京本是为了料理对自己有提携之恩的宰相赵普的丧事。不想赵光义赞他知恩图报，就把他召进宫做起居郎。刘昌言当晚知道自己被安排了这么个差事，心想，正好可以给官家讲讲家乡泉州的事，若是能让官家注意到泉州，那自然再好不过。

刘昌言进入大内，见过赵光义。

"官家，微臣是新任起居郎刘昌言，今日特来拜见。"

"你就是刘昌言？不错，先下去吧。"赵光义昨晚又没休息好，现在没什么精神。

刘昌言接着用河北定州方言，对赵光义说：今日的天气晴好，可要出去走走。赵光义一惊，自母亲去世后他再没听人说过定州话。赵光义问刘昌言是不是定州人。刘昌言没有说话，只问赵光义大宋江山中最喜欢哪个城市。赵光义答道："朕虽然贵为皇帝，坐拥天下，但是这大宋的江山，还真没走过几个地方。"

"小臣正好可以给官家说说。一会儿小臣先说几句地方方言，官家若是听着好听就喊停，小臣就来细细讲讲这个地方的故事。"

"炊糕炊粿炊菜包，做衫做裤做年兜。"

"这是……泉州方言！"

"哦？官家懂泉州方言！"

赵光义不仅能听懂，还能说。就这样你一句我一句，君臣二人火热地聊了起来。

刘昌言本就是泉州人，对泉州的风土人情十分了解。于是，他兴致勃勃地说起泉州的山湖风光，而后提及在南北朝时期，泉州就吸引了大批外邦商人。这些商人在此售卖最多的商品是一种珍稀香料。

说着刘昌言竟然随手变出一个拇指大小的珠子，它呈半透明状，颜色微微泛黄。赵光义接过来一闻，一股异香扑面而来，才发现是一枚香饵。刘昌言告诉赵光义，这便是那些外邦商人售卖的奇香，唤作"乳香"。除此之外，泉州还有很多其他新鲜玩意……这些有意思的小东西完全吸引了赵光义的注意。刘昌言就用这样一个个小故事，把赵光义逗笑了，两人接连聊了好些天。

最后，赵光义果然对泉州这个城市青睐有加，拉着刘昌言的手说："泉州这个地方真是太好了，既然它能沟通各国商人，适于经商，那就允了这里专门经商！"就这样，赵光义圣旨一下，泉州就名正言顺地成了经营舶来品的海港城市。

宋淳化二年（991）四月，宋廷对船员规定："榷货以外，择良买半，余外听舶商自销。"

### 新奇物品贩卖处

大宋皇帝的旨意昭告天下，泉州港的客商更是奔走

泉州开元寺佛塔

繁忙，一刻不停。正因有这些外国商人，才让杭州和泉州在商市交互之间，形成了最大的经济中心，也让泉州成为全国"新奇物品贩卖处"。

东海上时常风雨飘摇，航行困难。要是赶上夏季台风，海上更是无人敢航行，即便是已经出海的人也是九死一生。很多运送大宗货物的商船在遇上台风时，为了避免发生船毁人亡的悲剧，他们大都会选择立刻返航。和丧命相比，少赚点钱，甚至亏损点银子根本不算什么。

这一日正是个恶劣的台风天，就在许多客船、商船无法靠岸，准备返航的关键时候，一艘阿拉伯人的商船偏偏特立独行，不仅没有立刻返航，居然还满帆前进。此时，海面上风浪越来越大，一个大浪卷过来，直接打在这艘商船上。阿拉伯商人真是胆大，不过他们的胆大正是仰仗他们的大三角船。他们的船几乎都是三角形的船身，船头很尖，船尾有坚硬的围栏，加之船帆也是三角形的，整个船身结构异常坚固。也难怪这支阿拉伯商队敢勇斗东海巨浪。

第二日雨停了，风浪也小了。

泉州城码头处人又开始多了起来，商人准备出海，临街的铺子老板也在盯着自己的货物……当真是有条不紊。就在此时，一艘三角船驶进了港。昨晚风浪这么大，居然还有船能靠岸？聚集在码头的人们都惊叹不已，纷纷围过去想看个究竟：到底是谁有这样的本事和胆气？

随着那艘大三角船慢慢靠岸，人们都伸长了脖子，往甲板上探。一个常年出海的中年男子说："照我看，这像是波斯人和大食人的船。"

在喧闹声中，只听得船上响起咔咔两声，接着船舱中就走出一个棕发碧眼的男人。一番介绍之后，众人才知道这个人是外域商人，从大食国来。

这个坚韧的大食人名叫卜卜辛，这是他第一次来到这个繁华的东方国家。他就是后来的泉州市舶司提举安抚使蒲寿庚的祖辈，正是因为这个外域商人的到来，泉州码头发生了意想不到的变化。

卜卜辛虽然是大食人，但精通汉语。只要当地人说官话，他都能对答自如。一阵攀谈之后，众人问起他为何要在这么大的台风天坚持上岸。卜卜辛沉默了一会儿，说："这是我爷爷的遗愿。我们国家很多人来大宋卖香料，但是他们的香料都不是最好的，我的家族才是大食御用的香料商。老国王去世后，我们被新王赶出了王宫，如今只能屈居夜市，售卖香料，可是我们无论如何也咽不下这口气。"

这个大食人将家族史说得声情并茂，周围的人都听得热血沸腾。这个时候大三角船上的货也卸得差不多了，水手们向卜卜辛打了个手势。卜卜辛转身继续对周围的人说："请诸位开开眼，这才是正宗的大食御用香料。此香名为乳香珠，每一枚宽一寸五分，大如幼童拳头。从圣树上取下后还需经半年的精心炮制才能得到这般模样的上品香，和那些小作坊的散香不是一回事。"水手打开其中的一个箱子，果真一股清香随风而来，沁人心脾，众人顿时赞不绝口。

卜卜辛目不转睛地盯着人群，说："谁能一次把这五百斤上等乳香收完，我只算一两一千文。"众人听完傻了眼，先不说有没有这么多钱能买下这批货，即便买下，这么多乳香，要如何处置呢？在场的商人们都为难起来：

这种成色的乳香确实是难得一见，不买又吃亏。

最后，还是一个胆大的商人收了这批货，他将卜卜辛的乳香卖往全国各地。一时间，人们都知道，在福建泉州，一个番邦商人的乳香是如今大宋最好的乳香。卜卜辛成了大宋名气最大的香料商人。他在泉州修了府邸，还被赵光义召见，进而封官加爵。他去朝见赵光义的时候，赵光义对他说："既然你在大宋做生意，那你的名字也该改改。你叫卜卜辛，那就赐你蒲姓吧！"

就这样，卜卜辛一族就此在泉州扎根了。从此以后，蒲府在泉州兴旺壮大。也正是卜卜辛的传奇故事，促使更多的番邦商人来到泉州这个港口城市，为泉州带来了更多新奇的商货，泉州也成为整个东南沿海最大的新奇商品贩卖处。

可是好景不长，这样的供需关系很快就被王朝的没落打破。

# 杭绸和珐琅瓷谁更贵

## 烽火连城

宋绍兴八年（1138），宋室定都临安（今杭州），众多官员富豪随着宋朝皇室来到临安落脚。他们的到来推动了杭州的城市发展，也带动了临安与周边地方的商贸往来。这些皇室成员、官员富商对香料珍宝等奢侈品的需求，刺激了外国商人聚集在泉州，促使杭绸流向泉州，从泉州换回香料珍宝。此时，临安作为奢侈品消费市场，泉州作为奢侈品输入地，一件件香料珍宝将临安和泉州连接在一起，使得两座城市共同走向繁荣。

到了宋末元初，元兵的铁骑踏碎了临安的安稳，皇室子弟再顾不上香料珍宝。杭州饱受战火摧残，杭绸也渐渐没落。而泉州市舶司提举安抚使蒲寿庚的一个举动，却使得泉州这座与杭州血脉相连，有着无数新奇舶来品的世界海洋商贸中心，延续着它的兴盛繁荣，甚至更上一层楼。

这一切的改变，要从那场逃亡说起。南宋余将还在苟延残喘，在他们眼里，泉州就是一根救命稻草。泉州港一直给杭州供应各种进口货品，宋室以为，这座城市就是他们的大后方，是可以依赖的沃土。可让他们没想到的是，这座城市中商人为大，一个回商在此地一手遮天。

晋江旁肃清门的大火已经烧了三天三夜，城墙上的火焰还在不停地剥落墙衣。这场火将泉州的天烧得通红……南宋王朝就这样灭亡了。

七天前，宋景炎三年（1278）六月的最后一天，文天祥和张世杰带着刚刚拥立的皇帝赵昺，逃到了泉州。

"我们这么逃来逃去的，像什么样子！"文天祥的发冠早就弄丢了，被汗水打湿的发丝贴在他的鬓角上，不停下淌的汗液里还隐隐带着血色。他转头看着自己身后的残兵们：一个个丢盔卸甲，狼狈不堪。曾经和自己一起驰骋沙场的张世杰，如今背着七岁的皇帝气喘吁吁地跟在队伍后面。

终于，此时众人眼前出现了泉州的行在，从宋高宗时起，这里就是南外宗正司。

张世杰累得上气不接下气，背上的小皇帝已经睡着了。

两年前，刚刚即位两年的宋恭宗赵㬎上表降元，从此，宋德祐的年号就正式变为了元至元。忠烈的大臣不愿接受王朝破败的现实，他们带着残存的军队继续奋战。

现在，即使文天祥不同意军队在这里驻扎，也来不及了。现下天色已晚，兵士们疲惫不堪。他无可奈何，叹了口气就吩咐一支先锋队先上山打探，自己稍作休整。等先锋队回来后，文天祥带着一批人马做开路官，连夜出发了。外宗正司的生活并没有因新皇的到来有什么变化，似乎只要荣华富贵在，世间战火就和他们无关。

张世杰安顿好熟睡的皇帝，叫来一个小兵，命他连夜去泉州城中找些补给和救兵。

可是事情并没有那么顺利，一个时辰后，士兵回来报告。他们向时任泉州市舶司提举安抚使的蒲寿庚借船和粮草，可是蒲寿庚不仅不理会他们，还下令将城门紧紧关闭，让大军无法进入泉州城。张世杰一听："好啊！这个番邦人果真不是好人！大宋让他们赚了白银，还封了官爵，如今他却恩将仇报！"

就在这个时候，有一个小兵慌张来报："将军！元军已经在十里外驻扎！"

"什么？竟然这么快！"

张世杰当即下令连夜攻打泉州城门，无论用什么方法，都要保证新皇的安全。

可城中的蒲寿庚也不是好惹的。当年，蒲寿庚的父辈从大食国来泉州做香料生意，因为贩卖的乳香质量极高，一度成为泉州城最大的乳香供货商。从阿拉伯远渡重洋来到大宋并不容易，但是对于一个商人来说，改朝换代的事情和他的生意无关。

第二天清晨，元军围在泉州城外。蒲寿庚仍然没有打开城门的打算，张世杰的军队几乎是腹背受敌。

元军虽是草原民族，但他们也知道一个南方的港口城市有多重要，他们如今最是需要泉州这样富足的城市来填补军费的亏空。

于是，蒲寿庚做出了一个重要的决定——降元献城。

就在这七天时间里，元军冲入南外宗正司，将宫殿烧得一干二净。年仅七岁的皇帝被带着一路逃亡。城外的大火烧了三天三夜，而泉州城的百姓却毫发无伤。

蒲寿庚这大门一关，彻底断送了南宋王朝。改朝换代之际，杭州沦落于元军的铁蹄之下，泉州却没有巨大损失。杭州不再是皇城，它就变成了和泉州一般的普通城市。

## 锦缎裹着珐琅瓷

宋末元初，大食商人后裔蒲寿庚曾被宋廷任命为泉州市舶司提举安抚使。在南宋灭亡之后，他献出泉州城，降了元朝。元廷投桃报李，将泉州委任给蒲寿庚。由此，蒲寿庚掌控了泉州与所有城市的商贸往来，聚拢了大量的财富。

珐琅，波斯国特产。薄瓷、十彩、铜掐丝，精美绝伦。杭绸，沾着前朝的贵气，寸锦寸金，暗花缕金线，丝滑柔美。

元至元二十一年（1284）八月，离泉州城外那场烧了三天三夜的大火已经过去六年。短短六年时间，蒙古人统治了天下。元廷提出许多为少数民族谋取福利的政策，他们允许回民拥有自己的法律……在全国范围内，诸多这样的圣旨被严格地执行了。如此一来，从前以汉文化为主的江山，一时变换了天地。诸城之中，唯独泉州，还是以前的模样。

卜卜辛在泉州发迹，吸引了更多的大食人、波斯人来这里定居。到元代初年，已经形成了回汉合居的局面。如今忽必烈这一下令，泉州的回族人就有了更多的自由。蒲氏族人如今在泉州的势力如同土皇帝一般，家族的掌权人——蒲寿庚很快为泉州的回族人修建了穆斯林社区。

此时，蒲寿庚接到了新调令，任江淮等处行省中书左丞以及泉州分省平章政事。

有了元政府的支持，蒲寿庚在泉州的商贸规模更大了，引得北面的杭州商人也闻讯来到泉州。杭州曾是宋室都城，如今王朝已经没落。杭州的港口没有了往日的热闹繁华。泉州成了这个商业圈的中心。

自南宋灭亡后，临安府便改回原来的名字——杭州。忽必烈没有大肆屠城，杭州各大港口依旧有很多往来的客商与货物。但是，如今从这里进口的乳香越来越少了，这是因为原来代表着皇家贵气的杭绸出口量在不断减少，两者无法实现等量贸易。这不是杭人的错，杭州人甚至在元初还在创新杭绸。他们在杭绸的织造原料中加入了一种的全新的蚕丝，以便增加丝绸的密度，让绸缎更厚实、光滑。

可无论杭州人怎么改进，杭绸的出口量依旧在不断减少，杭绸已经随着这座城市黯淡了下来。杭州的绸缎商们开始发愁了：绸缎这种东西买新不买旧。到了第二年，

织机

又会有流行的新花色出来，去年的料子势必卖不出去。加上杭州气候潮湿，易生蚊虫，对绸缎的损伤也非常大。

这几天来，很多绸缎庄的老板都把自己的杭绸拉到了码头。他们准备在码头卖个差不多的价格，让出海的商人收了，或是叫外国货商买走。一连几天，从日出到日落码头边都是一片姹紫嫣红，比那最美的春日风光还要亮丽。可是来来往往的人不停经过，这些姹紫嫣红的杭绸被拿起来，又被放下。等到夕阳西下时，仍是一匹也没有卖出去。太阳的余晖洒在绸料上，绸缎像波光粼粼的江面。这样的美景，竟是透着丝丝凄凉。终于，一个小商人忍不住哭了起来。

"这些年绸缎生意越来越差。家里上有老下有小，这是要逼死人啊！"

很多商人都开始抱怨了起来，说这些年杭州的码头生意越来越难做；杭州这座故国皇城，早无往日的繁华了。这时，一个绸缎老板开口："我姐姐嫁给了一个泉州的商人，她说刺桐港的外商越来越多，生意也很好做，不如我们去……"周围的人听得半信半疑，有急性子的人听了，立刻想要收拾东西，赶到泉州。

这个小老板说得神采飞扬，很多人都动了心。

第二天，那个小老板没有出现在码头，昨天在众人面前大哭的那个小商人也没有来，他们启程去泉州了。路上两人聊天才知道，这个小老板姓邹，家里原是做酒坊生意的，只因为家里大姐嫁到了泉州，这份生意就跟随她到了泉州。年纪稍长的小商人姓张，祖上是临安的市舶司中专管丝绸织务的，如今家道中落。

他们拉着货物，日夜兼程地赶到泉州。此时天色已晚，太阳快要落山，两人马不停蹄地来到泉州码头。码头有很多行商，他们挨着询问：要不要收从杭州来的上好丝绸？可是即使让价三成也没人理睬他们。到了掌灯时分，码头空空荡荡的，人几乎都走光了，他们还没将货卖出去。

两人垂头丧气地坐在岸边，相对无言。此时却来了一个衣着考究的中年人。这人先是远远地看着他们，看了一会儿才走近对他们说："你们外地来做生意的吧，要先去衙门报到，之后你们就知道货往哪卖了。"

第二日，两人便寻到衙门报到，得知他们的杭绸需得售到蒲府。知道了这个消息，两人迅速赶往蒲府。不承想，这次竟不费吹灰之力，说成就成了。

从蒲府出来，两个人都没回过神来，他们带来的丝绸全被那位蒲大人收下了，而且连价都没讲。两人从没见过这么轻松的买卖，觉得有点不对劲，决定明天亲自去码头边看看。

这天一早，他们迅速换了衣服，扮成本地人的模样，去看那些出口的绸缎。可是两人找了半天，也没看到自己从杭州带来的货物。两人都是行家，一番巡视后别有收获，他们发现本地绸缎没有那么柔，也没有那么顺。他们上前一问才知道，这些货全是蒲寿庚盘下来的，都在这个港口卖，卖到不同的国家。他们继续问才知道，这些料子不是按匹买，而是按寸买！

两个人这才明白这个蒲大人为什么这么痛快地就把货收下了。按着他这种做生意的方法，根本是日进斗金。这样看来，他们那批杭绸一定是这码头上最贵的货了。两人边说又边往码头西面走去，此处河道开阔，大型商

清雍正珐琅彩瓜瓞纹瓜棱赏瓶

船鳞次栉比地停靠着，连下货船工的穿着都整洁许多。

这时，他们看见六个人一同从船上抬下来一个巨大的木箱子。那个木箱被包了里三层外三层，打开一看里面装的是波斯特有的瓷器。杭州来的两位很少见到这样的瓷器。这些瓷器色彩斑斓，还有金丝镶嵌。两人上前询问才知道，这是来自波斯的珐琅瓷。

二人看着他们把珐琅瓷一个个从箱子里拿出来，又轻手轻脚地拿绸缎包好。二人这才发现，这些包裹珐琅瓷的绸缎，不就是他们昨天卖给蒲大人的嘛！

岂有此理，这可是杭州最好的绸缎！邹老板年轻气盛，正要上前扯去绸缎开始理论。还没站到跟前，那些人就禁止他靠近："你！过去！"

这下邹老板怒了："你们让我过去，你们手里的可是最好的杭绸，一匹价值百两雪花银。"

周围的船工都哈哈大笑，好一阵之后，才对杭州的两位说："您掌眼，这是波斯来的珐琅瓷，一个价千金！"

## 三十二间巷

就这样，泉州成了这段双城记的主角，而杭州人则纷纷前往泉州做生意。各国各地的商人会集于此，也是各种文化的汇集交融。商会文化在逐渐萌芽，泉州的生意由回商蒲寿庚说了算，加之杭州的主导地位随宋朝消失，这段双城记经济圈的关系已然式微。

"蒲大人，门外有从杭州来的商队，领头那人说是您的好友。"

"快快有请贵客！"蒲寿庚快速走到门口。

那叫门的是个中年人，虽然穿着简单，但是眉宇间都露着精气神。他侧身站在门边，身后是一个身着黑缎暗花长袍的人。这人的袖口很是精致，衣摆的褶皱细密，卷边处是用黑锆石穿成的珠线绣的暗花。这是从蒙古传入中原的质孙服，但此刻身穿这身长袍的人却是个汉人，他高高束起的头发间已有白发。同时，他的身后还跟着好几个青年人。

管家一开门，蒲寿庚和这个人四目相对后，一个箭步就直接冲上前去，说："胡兄！我终于把你盼来了。"

这人是从杭州来做海盐出口生意的胡钥乙。

其实真要说起年纪来，早过花甲的蒲寿庚要比胡钥乙大上许多。可是由于蒲寿庚极想做成这桩海盐出口生意，他对胡钥乙极尽阿谀奉承之能事。

胡钥乙的礼数很周全，因在商人中看多了趋炎附势的嘴脸，他没有将蒲寿庚的奉承放在心上，只静静地跟在蒲寿庚身后进入蒲府大门。蒲府很豪华，从木材用料到细节装饰都十分考究。等到坐定之后，胡钥乙端着茶品了几口，就先发制人了："蒲大人，据我所知，泉州也有海盐，为何您偏要从更远的杭州进货呢？"

蒲寿庚笑了一下："远？看来胡先生是还不熟悉港口贸易啊！我不从杭州进货，怎么能抬起价呢？"外面的人都说蒲寿庚做人心狠，敢冒险，也敢要价，如此看来他确实有些手段。胡钥乙又喝了一口手里的茶，这茶清香扑鼻，入喉之后两颊生津，唇齿留香。再看这盛着茶汤的珐琅瓷茶杯就知道，光是这些东西就价值数千金。

看来这些年，蒲寿庚靠着他的手段挣了不少钱。

蒲寿庚说："胡先生放心，多赚钱，你也能多分点。"

胡钥乙虽然是个商人，但家里教导他的始终都是诚信经商，不搞投机取巧的把戏。他对蒲寿庚的把戏有些嗤之以鼻，只是如今正是急需用钱的时候，而且杭州的港口生意没有以前好做了，因此他的脾气并没有在蒲寿庚面前表现出来。

他接道："听说泉州的生意做得好，万事讲求的是一个'贵'字！请问蒲兄，这何以见得啊？"

蒲寿庚一听这话就来了精神，心想：杭州不过是沾着些从前皇城的贵气才有繁华的商贸，那些美丽的亭台楼阁不过是帝王将相的旧物。如今就让你开开眼，什么是商业带来的财富。他对胡钥乙说："杭州也有很多胡人和番邦商人吧！"

胡钥乙微微点头。

蒲寿庚接着说："胡兄可知我的家乡是大食国，而我国多美人，她们生得金发碧眼，很是好看。我平生不爱这些美人，只有一个爱好——下棋。不知道胡兄可否赏脸？"

胡钥乙跟着蒲寿庚来到府邸的后花园，其中有个院子装饰得精巧华丽，门洞上还写着"棋苑"二字。

胡钥乙心想，此人如此爱棋，竟然还专门修建一个别有洞天的院落下棋。一行人进入院门，整个院子十分空旷，只有中间用大理石铺地。周围修上台阶，显得中间的院子要比四周矮上许多。四周的装饰更不是中原的风格，倒像是大食的风格。浏览一圈之后，胡钥乙纳闷：此处既无桌椅，且无棋台，要如何下棋呢？

蒲寿庚这才开口向胡钥乙介绍，这里的地砖是大理石，都是从自己的家乡运送过来的。他请胡钥乙仔细看，这院子中的花纹，是由带有暗花的大理石和笔直的花岗岩拼接而成的。仔细一看，这花岗岩纵横交错，中间还放置了楚河汉界。难道说，蒲寿庚是将整个院子当成棋盘吗？那棋子在哪里？

此时，许多穿着两色衣服的姑娘从院子四周的房间中出来，然后站在不同的位置上。细细一看，两边各有十六个女子，穿着衣服颜色正好相反，每个姑娘的头饰和发型也各不相同。

原来姑娘就是"棋子"。

蒲寿庚请胡钥乙仔细看，这些穿着汉人衣服的女子各个金发碧眼，都是大食国的妙龄女子。蒲寿庚说："我这辈子没有别的爱好，就喜欢下棋。特此建筑了这个棋盘。胡兄，你我二人对弈一局可好？要是你输了，可要把你的海盐卖给我咯！"

胡钥乙大惊！

棋盘都是由花岗岩和大理石铺成，先不说这大理石全部来自遥远的大食国，需耗费巨大的代价将其运输过来，就是这花岗岩也是坚硬无比，要想把它们打磨成如此轻薄的长线也需要费很大功夫，这样看来这个棋盘的造价可真不便宜。

再看这些"棋子"，都是祖籍大食国的少女，稍显年老就立刻更换成年轻的。蒲寿庚还为这些女子修筑了住所，一共是三十二间房屋。难怪这里的人管这条巷子叫三十二间巷。光是这些都所费不赀，再加上整个院子都是大食国的风格，墙壁和柱子上的雕花不仅是砖雕，还镶嵌着珐琅工艺的瓷砖，所有开销恐怕是千金之数。

在整个对弈过程中，胡钥乙都在惊叹自己眼前的这些华美的装饰，心不在焉便败下阵来。

都说杭州人多亏了宋朝皇室迁到这里，占皇室的"贵气"，才繁华起来。而泉州多亏了那些海船运来的外国商人，占着"新奇"，才富裕起来。都说海商富，今日胡钥乙终于见识了什么才叫"富"。一个在泉州世代经商的外乡人都能建立这样的家业，更何况是泉州本地的商户？

但正是因为有泉州这个地方，才有如此多精致珍贵的货物从远洋运到杭州。也正因杭州成了临安，才有了皇室宗亲对华丽富贵的需求，泉州码头的货物才能鱼贯而入，源源不断进入内陆。

# 参考文献

1.〔宋〕罗濬：《宝庆四明志》，中华书局，1990 年。

2.〔元〕脱脱等：《宋史》，中华书局，1985 年。

3.〔元〕白珽：《湛渊遗稿》，中华书局，1985 年。

4.北京大学古文献研究所编:《全宋诗》,北京大学出版社，1998 年。

钱
塘
朋
友
圈

**H A N G Z H O U**